Georg Kretzschmar

Das Brot

Georg Kretzschmar

Das Brot

Mythologie, Kulturgeschichte, Praxis
Betrachtungen eines Bäckermeisters

Flensburger Hefte Verlag

Georg Kretzschmar
Das Brot
Mythologie, Kulturgeschichte, Praxis
Betrachtungen eines Bäckermeisters

Flensburger Hefte Verlag 2005
ISBN 3-935679-28-9

Umschlag: Willi Maiwald

Satz: Flensburger Hefte Satzstudio
Druck: Media-Print PerCom GmbH & Co. KG,
Westerrönfeld bei Rendsburg

In dankbarer Erinnerung
an Dr. Specht, den Pfarrer meiner Jugendzeit.

Zur Konfirmation schenkte er mir eine Luther-Bibel;
darinnen ein Zitat aus Kolosser 3,17,
als Stab und Stütze für meinen Lebensweg

Inhalt

1. Vorwort 9
2. Horch auf! Ein Stücklein Brot erzählt... 13
3. Auf der Suche nach der Zukunft des Brotes 19
4. Von Adam und Eva – und wo war das Brot? 29
5. Der Mythos als Quelle des Wissens 37
6. Kultur der Brotbereitung: Spurensuche in „uralter Zeit“ 41
7. Kultur der Brotbereitung: Spurensuche in „alter Zeit“ 49
8. Eleusis – und die Kunst der Brotbereitung 57
9. Lob der Demeter – oder die Kunst des Acker- und Getreideanbaus 63
10. Der Himmel ernährt uns doch! 71
11. Alles ist nach Maß und Zahl geordnet – auch das Brot hat sein „Gewicht“ 81
12. Alles hat seine Zeit – Auch neues Wissen hat seine Zeit! 87
13. Was uns im Brote speist – Kalorien oder Geist 95
14. Das Maß der Harmonie – auch der Sauerteig braucht seine Zeit! 101
15. Licht regiert die Welt 109
16. Die Bilder im Brot und die Welt im Tropfen 121
17. Lebensbilder im Wassertropfen 123
18. Die Buchstaben der Brotsprache 127
19. Quellenverzeichnis 133

1. Vorwort

Was ist Brot?

Wie oft habe ich diese Frage gestellt und keine befriedigende Antwort gefunden.

Natürlich gibt es über das Brot viele Bücher: schöne, historische, wissenschaftliche, aus der Sicht der Bibel, der Symbolik, der Kultur, dem Volksgut, der Ernährungslehre.

Sie alle schreiben über das Brot, erklären seine vielseitige Bedeutung, aber nirgendwo findet sich für mich eine ausreichende Antwort auf die Frage, was Brot ist. Deshalb, lieber Leser, liebe Leserin, finden Sie in diesem Buch keine Brotrezepte, keine Ernährungsratschläge oder praktische Tips zur Brotaufbewahrung oder ähnliches. Diese Bücher sind alle schon geschrieben. Mir geht es um Antwort auf die Fragen:

- Was ist Brot?
- Wer ißt Brot?
- Warum gibt es diese Produktidee?
- Warum brauchen wir Brot als Lebensmittel?

Reichen denn Früchte, Gemüse, Fleisch und Fisch, Eier und Milch zur Ernährung von uns Menschen nicht aus? Wir leben auch von Luft und Wasser. Alles dies sind Gaben, die uns die Natur schenkt, damit wir leben können.

Warum gibt es dann noch das Brot als Lebens-Mittel?

Wer isst Brot?

Wir Menschen! Nur wir können Brote herstellen für die Mitmenschen. Mutter Natur und der Himmel lassen wohl das Getreide dazu wachsen – sie können aber kein Brot backen. Wir Menschen können die Geschenke der Natur, ihre Früchte, nach Jahreszeit und Region ernten und essen, wie die Tiere auch. Aber der Brotlaib ist eine „Frucht" aus Menschenhand, die, unabhängig von Jahreszeit, Region oder Tageszeit, immer gebacken und gegessen werden kann – ein Urmotiv der Ernährung nur für uns Menschen!

◆ Hat das Wunder der Brotwerdung heute noch eine Bedeutung – bei der Fülle täglich neuer, moderner Produktentwicklungen?

Auf der Suche nach Antworten auf diese Fragen sind Zusammenhänge ans Licht gekommen, die erkennen lassen, welcher Sinn hinter der Produktidee Brot als Ernährung für uns Menschen steht.

Diese Antworten weiterzureichen ist mein Anliegen, verbunden mit der Hoffnung, Nahrung zu gestalten für eine friedliche Welt.

Nachtrag zum Vorwort im Sommer 2005

Kurz nachdem dieses Buch veröffentlicht war, entdeckten meine Augen in einem Verlagsprospekt des Flensburger Hefte Verlags zufällig folgenden Buchtitel:

„Was die Naturgeister uns sagen. Im Interview direkt befragt"
(FLENSBURGER HEFTE 79).

Das Buch war schnell besorgt. Für einen Leser, der sachlich mit diesem Thema umgehen kann und will, zeigt sich hier eine Sicht der Welt, die das bewußte Sein auf der irdischen Ebene verantwortungsvoll erweitern kann. Was wissen wir von der belebten Natur, von ihren eigenen Lebensgesetzen? Wir nutzen die Kräfte des Windes, des Wassers, die Rohstoffe. Ja, aber wer hat das alles gemacht, und warum? Der Zufall? In diesem FLENSBURGER HEFTE Nr.79 werden Menschen vorgestellt, die mit den Naturgeistern Kontakt haben; seriös und vertrauenswürdig mit dem Wunsch, daß mehr Menschen das Wirken dieser Wesen mit Dank in ihrem Handeln berücksichtigen und mit einbeziehen.

So erfuhr ich auch vom *kalten* und *warmen* Zucker (S. 152): Die Süße des Rübenzuckers entfaltet sich in der Kühle des Bodens. Nach dem ersten Frost geerntet, ist der Zuckergehalt am höchsten. Alle anderen Zucker – Rohrzucker, Honigzucker, Fruchtzucker – entstehen durch einen Wärmeprozeß, durch den Sonnenprozeß. Liebebedürftige Menschen spüren die Liebe der Sonne im warmen Zucker, der nicht so süchtig macht.

Jedenfalls erfüllte sich so mein Wunsch, wieder mit Markert in Kontakt zu kommen (mehr dazu im Kapitel 12). Wolfgang Weirauch vom Flensburger Hefte Verlag hat dann unter anderem ein Interview mit Markert, einem unserer Bäcker-Wichtel, geführt. Es ist im Frühjahr 2004 in einem Sonderheft *(Naturgeister 3)* erschienen [1].

Eine der Fragen von Herrn Weirauch aus diesem Buch und die Antwort von Markert darauf will ich hier zitieren:

Wolfgang Weirauch: *„Was ist überhaupt Brot?“*
Markert durch Konradin: *„Ein Stoff gewordenes Gebet.“*

Des weiteren war ich bemüht, richtig zu verstehen, welche Kräfte uns Menschen über das Brot vermittelt werden. So stellte ich dazu eine neue Frage und bekam folgende Antwort:

„Das Himmelslicht wird im Irdischen gebunden, als eßbare Substanz ist das nur im Brot der Fall.“

Nun wollte ich noch erfahren: Welches ist bei der Pflanze oder beim Tier, als Speise zubereitet, die eßbare Substanz?

Kordon, der Hüter der Körperelementarwesen, antwortete darauf sehr aufschlußreich:

„Wir elementaren Wesen entziehen den menschlichen Lebensmitteln ihre Essenz. Das können wir tun, ohne die Materie in uns aufzunehmen. Es ist eher andersherum: Wir sind in der Materie darinnen.

Die Materie als solche, z.B. der Stein, braucht keine Nahrung. Ihr genügt ihre Existenz, welche sie physikalisch gesehen der Schwerkraft der Erde verdankt. Die Schwerkraft der Erde zählt zu den physikalischen Wechselwirkungen, und zwar zu den schwachen. Hier bricht noch Euer Verstand. Die dort fließenden Kräfte sind nur massefrei zu beschreiben.

Ab den Pflanzen ändert sich das. Pflanzen nehmen etwas in sich auf, was durch Düngung vermehrt werden kann. Diese Aufnahme erfolgt im Bereich des Flüssigen. In ganz trockenem Boden nützt der beste Dünger nichts. Folglich ist das, was dort aufgenommen wird, eine Flüssigkeit – und wie Etschewit immer wieder predigt: Wasser ist Leben. Wenn jetzt also die normale Ernährung über das Wässerige erfolgt, ist die Lichtsubstanz im Brot einen Schritt weiter. Damit wären wir auf der astralischen Ebene. Der Mensch braucht zusätzlich geistige Nahrung, sonst kann er sein Mensch-Sein nicht behalten. Diese Nahrung ist speziell auch dem Brot substantiell in Form der Wärmeprozesse mitgegeben.

Wie Du weißt, benötigt ein gutes Brot deren mehrere. Ihr nennt das aufgehen. Damit ist auch gemeint: aufgehen für den Geist.

Die Lebenskräfte tierischer Nahrung sind aggressiver als die pflanzlicher Nahrung. Das kommt durch die starke Spezialisierung des Tieres und durch seine Fortpflanzungskräfte.

Die eßbaren Substanzen bei Pflanzen und Tieren sind also letztendlich die Lebenskräfte."

So bestätigt sich, auch über diesen Informationsweg, warum wir Menschen intuitiv in dem „täglichen Brot", in unserem Grundnahrungsmittel seit Jahrtausenden, eine so bedeutende Lebensquelle sehen.

„Brot, Frieden und Freiheit wachsen auf dem gleichen Halm." (Herkunft unbekannt)

Leere Kornähren stehen hoch,
die vollen neigen sich

2. Horch auf! Ein Stücklein Brot erzählt...

Ich weiß um vieler Menschen Not,
um vieler Menschen Ringen,
es geht um mich, ein Stücklein Brot,
ich will euch Frieden bringen!

(Karl Schneller)

Welch eine Verheißung in unserer heutigen Zeit! Ein Stücklein Brot soll Frieden bringen!

In Frieden leben – mit sich selbst, mit der Umwelt, mit der ganzen Welt – ist eine stille Sehnsucht von Menschen, die nach Harmonie streben.

◆ Ein Stücklein Brot soll das alles erfüllen?

Nach der Information oder der Aussage in diesem Gedicht müßten demnach Werte im Brot existieren, die nicht mit Geld zu bezahlen und auch nicht aus der uns heute bekannten Zutatenliste zu erkennen sind.

Schaut man zurück in die von Menschen gestaltete Geschichte, so bestätigt sich das Ringen um ein Stücklein Brot. Viel Kampf hat es gegeben um das tägliche Brot, viel Blut und Schweiß sind geflossen.

- Soll das der Hunger allein bewirkt haben?
- Oder die Sehnsucht nach Frieden?

Blickt man auf unsere Kultur, auf unsere Zivilisation als Ausdruck unseres Bewußtseins, unseres Welt- und Menschenbildes, so ist Brot in der überlieferten Geschichte seit Tausenden von Jahren hier gestaltend und prägend zu finden; angefangen bei den Ägyptern, die es erfunden haben sollen und ihr ganzes Verwaltungsleben darauf aufbauten. Brot war die Hauptspeise aller Ägypter, und Brot war für sie auch eine Maß-Einheit.

Die Zahl der Brote bedeutete entsprechenden Reichtum, die Brotöfen im Lande waren ihre „Münzwerkstätten". Jahrhundertelang wurde der Arbeitslohn nur in Broten bezahlt. Ein einfacher Bauer erhielt drei Brote und zwei Krüge Bier am Tag.

„Ich gab Brot zu meiner Zeit!" sagte die Seele im Totenreich, wenn ihr Herz auf die Waage gelegt wurde; denn die Unpünktlichkeit im Bezahlen war hier auch schon mit erfunden [2].

In der griechischen Kulturepoche schufen die alten Griechen einen tiefen und festlichen Fruchtbarkeitskult in ihrer Brotkirche von Eleusis.

Und die praktischen Römer machten aus dem Brot ein Politikum: Sie herrschten damit, eroberten mit ihm den Erdkreis und verloren ihn wieder um seinetwillen.

Die Juden schließlich machten das Brot zu einem Ausgangspunkt ihrer religiösen und sozialen Gesetzgebung.

Und eines Tages kam, alles vereinend, was über das Brot gedichtet, empfunden und gehandelt worden war, Christus Jesus, geboren in Bethlehem („Beth – lehem" heißt übersetzt „im Haus des Brotes" und lehrt uns neben anderem über das Brot folgendes, wie es Matthäus (4,4) übermittelte:

„Der Mensch lebt nicht vom Brot allein,
sondern von einem jeglichen Wort,
das durch den Mund Gottes geht."

Wie will diese Information interpretiert, verstanden sein?
Der Text ist leicht gelesen, aber wie ist er gemeint?

Nachvollziehbar ist noch, daß wir von Brot allein nicht leben. Nur die Aussage, daß wir *„von einem jeglichen Wort, das durch den Mund Gottes geht"* leben, wirkt heute, wortwörtlich genommen, schwer nachvollziehbar. Hier muß eine Einsicht zugrunde liegen, die im Zusammenhang mit dem Leben und dem Brot steht.

Der Arzt Paracelsus (1493–1541) gibt einen Hinweis, zeigt die Blickrichtung, wenn er über die Wirkungsweise der Medizin sagt:
„Was die Zähne kauen, ist die Arznei nit; niemand sieht die Arznei.
Es liegt nit am Leib, sondern an der Kraft."

Eine wirklich nachprüfenswerte Interpretation, eine Information, die auch im Brot eine elementare Sinnhaftigkeit erkennen lassen könnte.

Demnach müßte im Brot mehr enthalten sein, als uns eine Nährwert-Kennzeichnungsverordnung heute bekanntgibt! Diese mosaikartig zusammengesetzte Art der Inhaltsanalyse reicht dann einfach nicht mehr aus zur Erklärung einer übergeordneten Ganzheit.

Hierin liegt eine Herausforderung für einen Ernährungshandwerker wie den Bäckermeister, Hersteller dieses bedeutenden Grundnahrungsmittels, nach Antworten zu suchen.

In diesem Zusammenhang liegen Fragen nahe, die sich auf die Bedeutung des Wortes Brot im Vaterunser beziehen, in dem es heißt:

„...unser tägliches Brot gib uns heute".

Wörtlich kann es nicht gemeint sein, denn unser täglich frisches Brot holen wir beim Bäcker – gegen Geld.

- Nur: Warum existiert sie dann, eine solche Bitte?
- Und da sie aber existiert: Wie ist sie zu verstehen?

Und schließlich heißt es im *Vaterunser*:

„...dein ist die Kraft und die Herrlichkeit..."

Da muß doch ein Sinn zu finden sein!

- Ist in unserem täglichen Brot etwas enthalten, was wir noch nicht gefunden, noch nicht entdeckt haben und – ohne es zu wissen – beim Bäcker im Brot weitergereicht bekommen?

Ein spannendes Thema, diesem Geheimnis auf die Spur zu kommen.

Daraus ergibt sich die Frage: Wenn die Aussage mit der „Kraft“ stimmt, wie kommt diese Kraft in die Früchte, in das Getreide, den Rohstoff für unser tägliches Brot?

Als sollte ich auf solche Fragen Antworten finden, stellte mir das Schicksal die Aufgabe, Bäcker zu werden. Das ist mir erst hinterher bewußt geworden. Selbst bin ich nicht auf die Idee gekommen, mir in meinem Leben als Bäcker mein Brot zu verdienen. Das Schicksal hat dann den Lebensweg gelenkt und mich dabei „mein Brot“ und inneren Frieden finden lassen.

Im Januar des Jahres 2000 feierte die Bäckerbranche, diesmal in Berlin, eine jährlich stattfindende „Marktkieker-Preisverleihung“. Das ist der „Bäk-ker-Oscar“, ein Unternehmerpreis für herausragende Leistung, für neue Ideen im Bäckerhandwerk. (Als „Pionier der Vollkornbäckerei“ hatten wir diese Auszeichnung 1990 erhalten.)

Der damalige Landwirtschaftsminister Karl-Heinz Funke erzählte als Festredner folgende kleine Geschichte:

„Der Generaldirektor von Coca-Cola kommt zum Heiligen Vater, um einen Beratervertrag abzuschließen.
Er habe auch nur eine kleine Bitte: Der Text einer Zeile sei in einem Gebet zu verändern. Wie sich herausstellt – der Mann von Coca-Cola kennt sich nicht so gut aus – meint er das Vaterunser. Die gewünschte Zeile lautet: „Unsere tägliche Cola gib uns heute.“
Er sei auch bereit, ein bißchen Geld dafür auszugeben: eine Million Dollar. „Nein“, meinte der Papst, „ein so wichtiges Gebet kann ich nicht einfach verändern.“
„Zehn Millionen Dollar“, schlägt der Amerikaner vor.
„Hundert Millionen?“
„Au, hundert Millionen Dollar“, sagt der Heilige Vater und ruft seinen Generalfinanzdirektor an:
„Coca Cola bietet hundert Millionen Dollar für eine einzige Zeile im Vaterunser. Bloß: Wie lange läuft eigentlich der Vertrag mit der Bäckerinnung noch?“ [3]

Witze sind ähnlich wie Mythen: Sie verkleiden einen Wahrheitskern in Bildern.

In diesem Spannungsfeld lebt heute unser tägliches Brot: Zum einen von uns Menschen erhöht im religiösen Kult, als geistige Nahrung auch als heiliges Brot bezeichnet, als das Brot des Lebens – die Christenheit erlebt sein Geheimnis im Abendmahl. Auf der anderen Seite wird es als profanes Konsumprodukt, als Massenware im Verbrauchermarkt billigst angeboten.

Hier entzieht sich das Geheimnis der Gier der Menschen, die damit eine Verweltlichung betreiben. Das Geschenk im Geheimnis, wird es noch be- und geachtet?

„Ohne Brot ist das Leben zivilisierter Menschen undenkbar", schrieb 1941 Bruno Luxenberg in seinem Buch mit dem Titel: *„Brotpolitik"* [4].
Dort heißt es weiter:
„Brotmangel und Brotteuerungen sind stets Anlaß sozialer Konflikte und Ursache fast aller Volkskriege gewesen".
Und wenn der Frieden fehlte, war der Hunger da.

Das ist auch heute nicht anders, wie eine neue Studie der „National Science Foundation" an der Ohio State University ergibt. *„Der Hunger ist kein ökonomisches, sondern ein politisches Problem!"* heißt es dort.

Die Verfasser untersuchten 53 Entwicklungsländer und fanden heraus, daß die Zahl der hungernden Kinder proportional mit internen Gewalttätigkeiten, Bürgerkriegen, politischen Repressionen, aber auch mit einem prosperierenden Waffenhandel zu tun hat. Die aktuelle Situation in Afghanistan sei dafür ein gutes Beispiel, betonen die Autoren. In diesen Staaten ohne demokratische Strukturen würden Nahrungsmittel häufig als Druckmittel von den politisch Herrschenden mißbraucht, und darunter hätten gerade die Kinder am stärksten zu leiden. Hunger sei zwar auch ein Distributionsproblem, doch die Hindernisse, die der Verteilung der Ressourcen entgegenstünden, seien wiederum politisch bedingt. Als Maßnahmen zur Bekämpfung des Hungers empfehlen die Verfasser: Konfliktregulierung, Gewaltvermeidung, Einschränkung des internationalen Waffenhandels sowie den Schutz der zivilen und politischen Rechte. Das Fazit der Studie: Alle diese empfohlenen Maßnahmen würden den Hunger abschaffen [5].

Bei uns in den Industrieländern ist es umgekehrt: Hier existiert (noch?) der Überfluß, eine Brot- und Brötchenvielfalt wie noch nie. Aber über den Krieg der Preise wird um den Verbraucher gekämpft, der möglichst viel verbrauchen soll. Allerdings sind nach den Gesetzen der Betriebswirtschaft bei billiger Massenware die Qualität entwertet, die „Heiligkeit" verschwunden, der Friedensimpuls verraucht.

Ein englischer Sozialreformer, John Ruskin, hatte schon vor 150 Jahren die Menschen gewarnt, die nur auf den Preis oder den Rabatt schauen. Er meinte:

> *„Das Gesetz der Wirtschaft verbietet es, für wenig Geld viel Wert zu erhalten. Wenn wir zuviel bezahlen, verlieren wir etwas Geld, das ist alles. Wenn wir dagegen zuwenig bezahlen, verlieren wir manchmal alles, da der gekaufte Gegenstand die ihm zugedachte Aufgabe nicht erfüllen kann."*

Heute ist Brot nicht mehr heilig; heute ist es ein profanes Wirtschaftsobjekt und befindet sich sowohl psychologisch als auch ernährungsphysiologisch und ökonomisch in einer schleichenden Krise.

- Sehen oder erleben wir denn heute noch die dem Brot und damit der gesamten Ernährung, der Eßkultur zugedachte Aufgabe?

In allen Lebenslagen brauchen wir das tägliche Brot. Denn nicht ohne Grund ist es seit Tausenden von Jahren das Grundnahrungsmittel für uns Menschen.

Schaut man in die heutige Welt, dann ist zu erleben, wie die schöpferischen, geisterfüllten Impulse der Vergangenheit sich aufgebraucht, sich erschöpft haben. Apokalyptische Erscheinungen werden überall sichtbar. Auch die Brotkultur ist davon betroffen, ebenso die gesamte Lebens- und Ernährungsweise. Auf der anderen Seite bieten sich aufbauende und friedensspendende Kräfte an. Sie können uns auf einen Weg und zu Zielen führen, die zu einem strahlenden Aufgang einer Neuen Welt und eines neuen *Himmels-Brotes* führen.

- Sammeln, suchen, erkennen und essen wir die „Himmelskräfte" im Brot – so hoffe und wünsche ich –, dann entwickelt sich vielleicht ein Bewußtsein für eine Zukunft in friedlicher himmlischer Harmonie!

Gescheite Leute finden ihr Brot.

Johann Wolfgang von Goethe

3. Auf der Suche nach der Zukunft des Brotes –

Liegt die Zukunft im Wissen?

Es ist zu spüren: Wir leben in einer Zeit, die geprägt wird durch Veränderungen. Eine Zeit, in der auch das vergessene Geheimnis im Brot für unser heutiges Begreifen neu erklärt werden sollte.

Die wissenschaftlichen Forschungen in den letzten Jahrhunderten haben Grundlagen geschaffen, die geeignet sind, die alte Botschaft des Brotes in einem neuen Licht zu zeigen.

In den verschiedensten Büchern von Dichtern, Denkern und Philosophen, in alten Überlieferungen und in neuen Erkenntnissen der verschiedenen naturwissenschaftlichen Disziplinen sind zu diesem Thema Antworten zu finden. Sie lassen erkennen, warum Brot heute und gestern, ohnehin aber auch morgen das wichtigste Grundnahrungsmittel sein wird und bleiben muß, wollen wir uns weiterentwickeln und ernähren!

Auf drei Ebenen lassen sich Gesetzmäßigkeiten einer Welt sichtbar zeigen mit ihren Informationen, um den Leib von der Kraft, wie Paracelsus meinte, unterscheiden zu können.

Im ersten Bild vermitteln die überlieferten Mythen ein Wissen, das aus ewiger Weisheit stammt. Eine Verschmelzung des Unsichtbaren mit dem Sichtbaren kann hier erkennbar werden.

Im zweiten Teil zeigen die schaffenden, wirkenden Naturkräfte ihre gesetzmäßige Ordnung als einen Kosmos der Logik. Sie sprechen aus den vielen einzelnen, oft isoliert gefundenen neuen wissenschaftlichen Forschungsergebnissen, aber auch aus den alten Überlieferungen. Übergeordnet vernetzt führen sie zu einer Ganzheit mit einem Sinnzusammenhang, dem Grundstrukturen innewohnen.

Auf der dritten Ebene, im menschlichen Wirken, läßt sich unsere Verantwortung erkennen; aber auch ein Verstehen, warum es so ist, daß es eben auch in der Hand des Bauern und des Bäckers liegt, was uns im Brote speist!

Diese alte Brotkultur neu zu festigen und wieder zu beleben, damit sie in unser heutiges menschliches Handeln bewußt einfließt, aus Einsicht und aus Wissen, das ist mein Sinn.

Es ist ein Schlüssel zu einer Tür, die Räume öffnet, in denen Harmonie, Glück und Frieden zu finden sind. Das ist mein Wunsch, meine Vision, glücklich machende Brote zu backen für uns Menschen. Denn Glück ist nicht ohne Frieden zu haben – und beides ist heute Mangelware!

Auf meiner Suche nach den Ursachen für den Wandel unserer Lebens- und Ernährungsweise fand sich eine einleuchtende Antwort in dem Buch „*Das Getreide als menschengemäße Nahrung*" von G. Schmidt und U. Renzenbrink [6]. Dort wird der berühmte Ernährungsforscher W. Kollath (1892–1970) zitiert. Er brachte das Problem auf folgenden Punkt:

„Es gibt im letzten Jahrhundert viele wichtige Ereignisse. Eines der wichtigsten ist aber die Entthronung des Getreides, seine Entwertung von einer geheiligten Nahrung zu einem reinen Wirtschaftsobjekt und der damit unweigerlich verbundene Verlust der gesundheitsbedingten Grundeigenschaften der menschlichen Nahrung."

Wie hat sich die „Entthronung" des Getreides vollzogen?

Die Grundlage unserer Ernährung bestand bis zum Beginn der Neuzeit hauptsächlich aus Pflanzenkost, aus Getreide, Gemüse und Obst. Der Fleisch- oder Fischanteil war je nach geographischer Lage sehr gering.

Die Pflanzen, die den Menschen hauptsächlich zur Ernährung dienen, gehören botanisch betrachtet zu den sogenannten höheren Pflanzen. Dazu zählt zum Beispiel die Familie der Rosengewächse. Sie liefern für die Ernährung von Tier und Mensch die Früchte und Obst wie Erdbeeren, Himbeeren, Kirschen, Äpfel, Birnen, Aprikosen und viele andere. Dann kennen wir noch die Familie der Lippenblütler, sie schenken uns die Heilkräuter und Gewürzkräuter. Botanisch gehört das Getreide zu der Pflanzenfamilie der Süßgräser. Die Gräser bedecken mit etwa 4000 Arten den ganzen Boden der Erde. Ungezählte Tierarten verdanken ihre Existenz dem Gras. Dabei besitzen die Kühe die Fähigkeit, Gras in Milch zu verwandeln. Aus Milch gewinnen wir Menschen Sahne, Butter, Käse und Quark.

Zur Familie der Gräser gehören auch alle sieben Getreidearten (Hafer, Gerste, Roggen, Weizen, Hirse, Reis, Mais), der Rohstoff für unser tägliches Brot. Auch die Zuckerrohrpflanze gehört dazu, ebenso der Bambus. In diesen Pflanzenfamilien gibt es keine einzige, die ein Gift enthält.

Anders verhält es sich mit einer Pflanzenfamilie, die erst mit der Entdeckung Amerikas in den Ernährungskreislauf des Menschen kam: die Nachtschattengewächse. In Europa kannte man bis ins Mittelalter aus dieser Pflanzenfamilie nur solche, die schwere Gifte enthalten, wie Tollkirsche, Bilsenkraut, Stechapfel, Bittersüß, Alraunwurzel. Aus ihnen wurde die berüchtigte „Hexensalbe“ hergestellt, die ungute Wirkungen in Form von Bewußtseinstrübungen hervorrief.

So kam Europa vor etwa fünfhundert Jahren in den Kontakt mit neuen Nachtschattengewächsen. Sie begannen ihren Siegeszug hier erst als Zierpflanzen. Es waren Tabak, Tomaten, Kartoffeln, Paprika, Spanischer Pfeffer wie auch die Petunienblumen.

Erst Ende des 19. Jahrhunderts entdeckte man in diesen Nachtschattengewächsen langsam ihre Verwendung als Gemüsepflanze. In Deutschland hat sich der Preußenkönig Friedrich der Große (1712–1786) mit List und Gewalt für den Anbau und Verzehr der „dollen Knolle“ eingesetzt. Viel Abneigung mußte überwunden werden. Man ahnte wohl das Giftige, die umnachtende Wirkung auf das Gehirn, in den grünen Früchten. Alle Teile der Kartoffelpflanze enthalten das giftige Alkaloid Solanin – am meisten in der unreifen Frucht, am wenigsten in der reifen Knolle. Aber interessanterweise vermehrt sich das Gift in der Knolle unter Lichteinwirkung. Ein zu starker Solaningenuß aus der Kartoffel wirkt auf den Kopf, verursacht Kopfschmerzen und Übelkeit, was wahrscheinlich zu dem Sprichwort führte:

„Der dümmste Bauer hat die dicksten Kartoffeln“.

Auch die Tomate, eine aus Südamerika stammende Pflanze (übersetzt Liebes- oder Paradiesapfel), wurde erstmals 1596 als Zierpflanze in England erwähnt. Sie enthält gleich der Kartoffel das Solanin-Gift in fast allen Teilen, besonders in den unreifen Früchten. Als Gemüsepflanzen werden Tomaten erst Ende des 19. Jahrhunderts beachtet.

Kartoffel, Tomate, Paprika, Aubergine waren bis vor etwa zweihundert Jahren so gut wie unbekannt auf dem Markt, ebenso auf dem Speisezettel. Heute nehmen sie eine Spitzenstellung, den Thron, in der menschlichen Ernährung ein, gemeinsam mit Fleisch. Seitdem durchdringen diese Gemüse mit ihrer Solaceen-Wirksamkeit mehr oder weniger die menschliche Leiblichkeit [7].

In der Folge dessen ist heute im Bewußtsein der Menschen das Getreide keine geheiligte Nahrung mehr – im Gegenteil, es ist zum Rohstoff für billige Massenprodukte geworden.

Der Volksmund meint:

„Der Mensch ist, was er ißt.“

Wenn das stimmt, dann brauchen gerade wir heute wieder eine geheiligte Nahrung aus glücklichen Broten, welche uns Frieden bringen.

Bei meiner weiteren Suche nach dem Bewußtseinswandel tauchte in mir ein eigenartiger Gedanke auf: Wenn ich ehrlich bin, ist doch vieles, was sich zu eigenen Einsichten im Laufe meines Lebens entwickelt hat, u.a. aufgebaut auf angenommenes fremdes Wissen oder übermittelte Erfahrung anderer. Es ist wohl dann in mir zur eigenen Meinung gewachsen, weil es mir einleuchtete oder weil meine Empfindung es als wahr einstufte.

So sinnierte ich weiter und fragte mich:

- Welche Quellen des Wissens gibt es für uns Menschen noch?

Irgendwo war zu lesen: Wissen wurde früher außer in Schulen auch in Geheimtraditionen bewahrt und weitergereicht. Ihnen wurden in allen Zeiten die Geheimnisse anvertraut, die sie bewahren sollten, bis der Mensch das Gewicht der Erkenntnis seiner eigenen Geistwesenheit zu tragen vermöchte. Und nur wer fragte, erhielt hier Antwort.

In einer Welt mit einer immer größer werdenden Flut von Daten haben wir heute ein Problem:

- Nach welchen Kriterien wählen wir aus dieser Fülle der veröffentlichten Informationen aus?
- Wie kommen wir an Wissen, welches in uns Urteile bildet, die zu friedlichen, aufbauenden Lebenszielen führen können?

Im Grunde genommen unterscheiden wir nur zwei Informationsquellen: geschenktes übermitteltes Wissen und Wissen, das aus von uns Menschen gemachten Beobachtungen stammt. Deren Daten wurden auch über die Jahrtausende gesammelt und später aufgeschrieben, und so fließen beide Quellen ein in unser Denken und Tun, werden als Erfahrung weitervermittelt.

Wir stehen diesem Informationsangebot selbst auswählend gegenüber.

Als Hilfen bei der Sichtung, was wir davon annehmen, um unsere Talente weiterzuentwickeln, um unseren individuellen Erfahrungsschatz zu erweitern, um die Persönlichkeit reifen zu lassen, zu alledem dienen uns „sieben Diener“: Das sind die sieben Körperöffnungen am Kopf. Sie verbinden uns mit der Außenwelt. Ein Paar von diesen „sieben Dienern“ sind außen am Kopf angeordnet, die zwei Ohren, sie sorgen für das Gleichgewicht. Sie sind unser Innenminister und versetzen uns in die Lage, auf das Wort hören zu können.

Daneben nutzen wir die Augenpaare, unseren Außenminister, zur räumlichen Orientierung. Und die beiden Nasenöffnungen dienen der Verbindung zum Lebensstrom, der Luft. Eine Außen – Innen – Beziehung, die wechselseitig wandelnd uns belebt. Wir entnehmen der eingeatmeten Luft den Sauerstoff zum Leben und atmen das Kohlendioxyd aus. Diese drei Diener verbinden uns paarweise mit der Welt. Demgegenüber dient der eine Mund (manche Menschen können mit zwei Zungen aus einem Munde sprechen) als aktive Öffnung zur Erhaltung unseres Körpers über die Nahrung bis hin zur Sprache, zum Sprechen, zum Kommunizieren, um Seelisches und Geistiges mitzugestalten.

Ein französischer Arzt, Dr. med. Alfred Tomatis, Paris, hat die Beziehung zwischen Hören und Sprechen in den 40er Jahren dieses Jahrhunderts erforscht und dabei festgestellt, daß sich bei uns Menschen ein Dienerpaar, und zwar das Augenpaar, im Laufe der Zeit vorgedrängt hat [8]. Und nun bestimmt und beeinflußt es unsere Wahrnehmung einseitig und dominiert das Ohr! Tomatis entwickelte aufgrund seiner Forschungsergebnisse eine Untersuchung- und Behandlungsmethode, die erkennen läßt, welche Tonfrequenzen ein Mensch nicht hört. In diesem Schwingungsbereich kann er auch nicht Töne sprechen oder singen.

Die von Tomatis entwickelte Behandlungsmethode hilft nun, hier das Hören zu entwickeln. Diese Methode hat gerade bei der Legasthenie (Lese- und Rechtschreibschwäche) und vielen anderen Gesundheitsproblemen lindernde Wirkung gezeigt.

Jedenfalls zeigen seine Untersuchungen, wie das Gleichgewicht, die Harmonie innerhalb unserer sieben Diener gestört ist. Was folgt daraus?

Wir glauben immer weniger an das Wort, das wir hören. Der Zweifel durch Mangel an innerem Wissen lässt uns immer mehr den Blick verengen und nur noch das Sichtbare als Wirklichkeit, als überzeugenden Maßstab für Wissen gelten.

Was sagt der (Volks-) Mund dazu?
„Wer nicht hören will, muß fühlen!“

Obwohl wir mit unserem Ohr zehnmal so viele Frequenzen, also Informationen, erfassen können wie mit dem Auge, begrenzen wir damit freiwillig unser Wissen auf das Sichtbare wie z.B. auf die analysierenden Wissenschaften. So lassen wir uns erklären, was Wahrheit ist – mit dem einschränkenden Hinweis: „nach dem heutigen Stand der wissenschaftlichen Erkenntnis“. Dabei besteht und bestand zwischen Glauben und Naturwissenschaft nie wirklich eine Konkurrenz, weil sich aus der inneren Wirklichkeit die äußere Welt gestaltet hat. „Wie oben, so unten“ beschreibt das ein Zitat.

Nun leben wir aber in einer vom Auge dominierten Welt. Die Äußerlichkeiten dienen heute vielen Menschen als Maßstab für innere Werte.

In einer Bäckerei wird das augenscheinlich am Verhalten der Kunden, die kleine Brötchen liegenlassen. Sie müssen heute groß und aufgeblasen sein – was hat das mit Qualität zu tun? Oder: Nur wenige Kunden wollen dunkles Brot, was eigentlich erst Geschmack entwickeln konnte und aromatisch ist, nein, sie verlangen: „Schön hell, bitte". Obwohl wir wissen, der „Ton macht die Musik". Ob nun der Ton ein Farbton oder ein akustischer Ton ist, das entscheidet nur die Länge der Welle, der räumliche Abstand zwischen zwei Wellenbergen.

Das Auge erkennt nur einen ganz kleinen Wellenausschnitt (750 nm bis 350 nm, 1 nm – 1 milliardstel Meter), während das Ohr einen viel größeren Wellenausschnitt erfaßt (von 2 cm bis zu 7 m), den wir als akustische Töne wahrnehmen [9]. Es muß ja einen Sinn haben, warum wir *einen* Begriff für das Wort „Ton" haben, aber mit *zwei* Organen die verschiedenen Töne (Wellenlängen) wahrnehmen müssen.

Nach einer Wellenskala des russischen Physikers Pjotr Lebedew (1866–1912) hat zum Beispiel die Funkwelle eine Länge von einem Kilometer, die Fernsehwelle ist einen Meter lang. Die Wärme strahlt mit einer Welle in Millimeterlänge. Und unser sichtbares Licht umfaßt nur einen ganz kleinen Wellenbereich von der Farbe Rot über Orange, Gelb, Grün, Türkis, Blau bis Violett, das Spektrum des Regenbogens. Faszinierend, wie alles nach Maß und Zahl geordnet ist.

Ein amerikanischer Nobelpreisträger (1965 für Physik), Richard P. Feynman (1918–1988), schreibt Ähnliches [10]:

„Das sichtbare Licht ist bloß ein Ausschnitt aus einer langen Skala, vergleichbar einer Tonleiter, die unser Hörvermögen übersteigende tiefere und höhere Töne besitzt. Diese Lichtskala läßt sich durch Zahlen – die sogenannten Frequenzen – beschreiben. (...)
(Wir sollten nicht so provinziell sein und allein das für unser Instrument, das Auge, unmittelbar Wahrnehmbare für die ganze Welt zu halten!)
Fahren wir nun einfach fort, die Zahlen zu verändern, so kommen wir zu den Röntgen-, den Gammastrahlen und so weiter. Ändern wir die Zahlen in die entgegengesetzte Richtung, kommen wir von blauen zu roten, zu infraroten (Wärme-) Wellen, dann zu den Fernseh- und schließlich zu den Radiowellen. Alles das verstehe ich unter ‚Licht'."

All das stuft ein Physiker als Licht ein. Bemerkenswert – es ist alles nur eine Frage der Zahl!

„Alles eine Zahl", formulierte schon der griechische Philosoph Pythagoras.

Auf der einen Seite führt uns die Leiter über Infrarot (Infraschall) in die nicht sichtbare Wärmestrahlung, auf der anderen Seite geht es über das sichtbare Violett in die unsichtbaren ultravioletten (Ultraschall) chemischen Wirkungen.

Wahrscheinlich wird deshalb als eine der höchsten aller Künste die Musik mit ihren Tonleitern angesehen – neben dem Wort –, denn sie ist nicht zu Stoff geronnen wie die Schrift, das Bild, die Plastik. Richard Wagner soll über die Musik gesagt haben:

„Musik hebt den Widerspruch zwischen Empfindung und Erkenntnis auf."

Das könnte eine weitere Erklärung dafür sein, warum zwischen Glaube (Empfindung) und Naturwissenschaft (Erkenntnis) kein Widerspruch bestehen muß, denn „Die Welt ist Klang", so der Titel eines Buches, das Joachim-Ernst Berendt geschrieben hat, um das Ohr zu öffnen, das Tor zur Seele [11]. Für den amerikanischen Nobelpreisträger Feynman, wie auch für Pythagoras, ist alles eine Frage der Zahl, der Frequenz.

Und Goethe schreibt im Prolog zum Faust:

„Die Sonne tönt nach alter Weise
In Brudersphären Wettgesang,
Und ihre vorgeschriebne Reise
Vollendet sie mit Donnergang.
Ihr Anblick gibt den Engeln Stärke,
Wenn keiner sie ergründen mag;
Die unbegreiflich hohen Werke
Sind herrlich wie am ersten Tag."

Schauen wir jetzt einmal auf unser Brot: Es enthält zu über 50% von dem „tönenden" Licht der Sonne. So gibt der Anblick der Sonne nicht nur den Engeln Stärke, sondern die meßbare Strahlungsenergie der Sonne wird über die grünen Pflanzen verdichtet zu Stärkekörnern im Photosynthese-

Prozeß. Das Ergebnis: Ein Nahrungskohlenhydrat gibt Menschen wie Tieren Stärke aus dem Wettgesang zu „unbegreiflich hohem Werke"!

In der Musik wird ein Ton als eine Schwingung im Raum erfaßt. Für diesen periodischen Vorgang hat man als Einheit den Begriff Hertz (Hz) gewählt, benannt nach Herrn Hertz.

Und das Maß harmonischer Schwingungen findet sich in der ältesten Theorie der griechischen Musik, sie heißt *Oktave – Harmonia*. Die Griechen haben sich das nicht ausgedacht, sondern sie sind auf der Suche nach dem „Ursprung aller Dinge" auf Gesetzmäßigkeiten in der Natur gestoßen, auf die Harmonie der Welt. Eine Gesetzmäßigkeit der Harmonie ist danach die Oktave.

Das Wort „octave" kommt aus dem Lateinischen und heißt die Achte, die achte Stufe, die mit dem gleichen Tonbuchstaben bezeichnet wird wie der Ausgangston.

Wir haben also nicht nur sieben Wochentage, sieben Getreidearten, sieben Planeten, sondern auch sieben Noten. Die achte ist wieder der Ausgangston auf einer absteigenden oder aufsteigenden Leiter oder Spirale, von Ebene zu Ebene, von Stufe zu Stufe, aufwärts oder abwärts. Diese Harmonie des Grundtons kann nun verdoppelt oder halbiert werden. Das nennt man dann Oktavieren. Durch dieses Gesetz der Oktave kann heute die Rotationsdauer eines Planeten in Töne und Farben umgerechnet werden. Johannes Kepler (1571–1630) hat diese Zusammenhänge von Astronomie, Astrologie und Musik gefunden und schildert sie in seinem Werk „Weltharmonik". Das gesamte wunderbare Planetenkonzert ist heute zu hören im Kepler-Museum in Weil.

So wird die unsichtbare Harmonie der Welt für uns sichtbar und auch hörbar. Jetzt können wir über unsere beiden Diener, über Augen und Ohren, diese himmlischen Realitäten, ihre Ordnungsstrukturen und Proportionen, erfassen, sehen und hören. Für mich ein herrliches Wunder; ein Wunderwerk der Natur.

☞

Schreiten wir weiter in die geheimnisvolle Welt des Brotes, denn:

„...es geht um mich,
ein Stücklein Brot,
ich will euch Frieden bringen!“

4. Von Adam und Eva

– und wo war das Brot?

Als ich meine Frau fragte, womit ich in meinem Buch beginnen solle, mit den Mythen oder mit den naturwissenschaftlichen Forschungsergebnissen, da meinte sie sofort:

„Mit den Mythen!"

Ich erwiderte:

„Eigentlich müßten meine Betrachtungen über das Brot bei Adam und Eva beginnen!"

„Die haben aber einen Apfel gegessen", rief sie mir zu, „und kein Brot!"

Da mußte ich ihr zustimmen. Es war ja auch eine Frau, die dem Manne empfahl, vom Baum der Erkenntnis zu essen – und der Mann hat angebissen, so die bildhafte Überlieferung in der Bibel.

- „Warum hat sie ihm denn kein friedenspendendes Brot angeboten?" ist man versucht zu fragen; „und wo waren die Getreidepflanzen?"

Jedenfalls müssen meine Betrachtungen dort beginnen, wo die Menschen im Schweiße des Angesichts in der irdischen Welt begannen, den Weg der Entwicklung zu gehen. Denn hier erst wird in den Überlieferungen über das heilige Brot als Wegzehrung berichtet.

Da ging ich in den Wintergarten zu meinem Bücherschrank, machte das Licht an und begann zu lesen, zu forschen und mich zu informieren.

In einem Büchlein [12], welches mir ein Nachbar lieh, habe ich eine Bestätigung meiner Vermutung gefunden, warum Brot erst außerhalb des Paradieses zu finden ist. Dem Autor, Klaus Berger, Professor für Neues Testament in Heidelberg, geht es in diesem Werk darum, ein Verständnis für die neutestamentarischen Texte und deren biblische Aussagen zu wecken, die ein großes Maß an Wirklichkeit, an Bodenhaftung und Erdgeruch besitzen. Um deren Glaubwürdigkeit uns heute vor Augen zu führen, bezieht er neben den Texten des Judentums, die zwischen dem Alten und Neuen Testament erschienen sind, auch die frühchristlichen Apokryphen mit ein. Diese Texte aus frühchristlicher Zeit fanden als nicht anerkannte Schriften in der Bibel keinen Platz. Sie geben in das Leben der Christen nach dem ersten Jahrhundert vielfältigen Einblick.

Aus diesen Überlieferungen zitiert Berger folgendes:
„Nach den für die Zeit des Neuen Testaments in den Apokryphen belegten jüdischen und christlichen Ansichten ist das Brot eine Gabe Gottes, die dieser den Menschen erst nach der Vertreibung aus dem Paradies gewährte. So unterscheidet man folgende Zeiten: Im Paradies gab es als Nahrung Speise der Engel (Manna); direkt danach die Speise der Tiere, das heißt Früchte; dann zeigte Gott den Menschen Ähren und Brot. (Belegt in den Texten der jüdischen Apokryphen-Schrift ‚Leben Adams und Evas' wie im sogenannten ‚christlichen Adambuch des Morgenlandes'.) Da heißt es mehrfach, daß der Leib der ersten Menschen nach der Vertreibung aus dem Paradies wie der Leib von Tieren wurde. Gott ernährte die Menschen mit Feigen, die er aber, wie es heißt, schon wie wohlschmeckendes Brot machte."
Weiter heißt es dort:

„Und wiederum standen Adam und Eva draußen vor der Höhle, um Gott zu bitten, daß er ihnen Speise zeigen möchte, um ihren Leib damit zu kräftigen. Und das Wort des Herrn kam und sagte zu Adam: Geh hinab in die Gegend westlich von der Höhle bis zu einem schlammigen schwarzen Boden; dort werdet ihr Speise finden. – Und Adam hörte das Wort des Herrn, nahm die Eva und ging hinab zu dem schwarzen Boden und fand dort Weizen, der in den Ähren stand, und die Ähren waren reif zum Essen. Und Adam freute sich darüber. Und wiederum kam das Wort und sagte zu ihm: Nimm von diesem Weizen und mache dir davon Brot, um damit deinen Körper zu kräftigen. Und Gott gab dem Adam Weisheit in sein Herz, daß er die Geschäfte mit dem Weizen besorgen konnte, bis er zu Brot wurde. Und Adam vollbrachte das alles, arbeitete und ward sehr müde."

Klaus Berger führt dazu aus:

„Der zitierte Text zeigt sehr anschaulich, wie bei Weizen und Brot beides zusammenkommt: die Gabe und die Mühe des Menschen damit."

Die Wirklichkeit der alten Texte ist noch heute nachvollziehbar: Mütterchen Natur bereitet seitdem die fertigen Speisen für Tier und Mensch. Neu ist für mich, daß auch das Rezept für Brot aus dem „Wort" stammt. Es heißt, Adam erhielt die Weisheit dazu in sein Herz, wie aus Weizen Brot gemacht wird. Eine Gabe von dem, der die fertigen Speisen geschaffen hat.

- ◆ Warum erhalten wir nur das Rezept und nicht gleich das fertige Brot – wie die Tiere die fertigen Früchte?

Statt dessen gibt er uns Arbeit.

- ◆ Welcher Sinn liegt hier zugrunde?

Glaubt man den Autoren dieser alten Texte, dann hat Brot eine ganz besondere Aufgabe zu erfüllen. Folgen wir einfach den aufgezeigten Wirklichkeiten.

Erstens

Brot, so wird überliefert, ist eine Gabe. Eine Gabe, die den Menschen erst nach Verlassen des Paradieses gewährt wurde. Hier wird auch eine zeitliche und räumliche Erscheinung angesprochen. Räumlich gesehen zeigt sich in Richtung Himmel ein Paradies. Hier werden Adam und Eva ernährt, wie die Engel mit Manna. Zeitlich gesehen, direkt danach, außerhalb des Paradieses, gibt es erst einmal die fertige Speise der Tiere: Feigen (Früchte), die schon wie wohlschmeckendes Brot waren.

Zweitens

Später dann, in einer Erdhöhle lebend, suchen Adam und Eva nach einer Speise, die der im Paradiese gleicht, jetzt aber den Erdenleib kräftigt.

> *„Und Adam und Eva gingen umher und suchten neun Tage lang und fanden nichts, wie sie es im Paradies gehabt hatten, und sie fanden nur das, was die Tiere aßen. Und es sagte Adam zu Eva: Dies hat der Herr den zahmen und wilden Tieren zugeteilt, wir aber hatten Speise der Engel." [12]*

Eine suchende, hinhörende Haltung, um die Sprache des Himmels und der Natur zu verstehen, wird hier angesprochen. Es wird aber auch ein Sehnen der ersten Menschen erkennbar nach einer Speise wie im Paradies, im Unterschied zu den Speisen, die den „zahmen und wilden Tieren" zugeteilt sind.

Dementsprechend zeigte die himmlische Führung ihnen die Ähren und schenkte dazu die Weisheit in ihr Herz – bezeichnenderweise nicht in den Kopf mit seinem Verstand, wo wir heute das Lernen einordnen. Dann kommt eine weitere Erfahrung zum Ausdruck: Im Gegensatz zum Ernährtwerden im Paradies macht das „Geschäft", um aus Getreide Brot werden zu lassen, die Mitarbeit von uns Menschen nötig. Danach sind die ersten Menschen oder Adam auch die ersten Bäcker. So ist außerhalb des Paradieses seitdem die ausgewählte Speise für uns Menschen bis heute: „Ähren und Brot"! Für mich eine weitgehend unbekannte Sichtweise, deren Glaubwürdigkeit sich heute noch nachvollziehen läßt: Denn für das Wort Ähre können wir auch Getreide sagen, wobei es sich in seiner Ganzheit in sieben Getreidearten aus der Natur der Gräser, je nach Klima und Umgebung, entwickelt hat. Und zum Brotbacken in Laibform geeignet sind nur die Getreidesorten, deren Fruchtstand die Ährenform entwickelte.

Früher, vor der Zeit des globalen Welthandels, waren die sieben Getreidearten Nahrungsgrundlage der Menschen in geographisch verschiedenen Regionen. Das läßt sich noch heute gut rekonstruieren, auch die Verwandtschaft der Getreidearten zu den menschlichen Temperamenten. Im Osten, im asiatischen Kulturraum, ist das Hauptnahrungsmittel der Reis (Rispe), der eine Beziehung zum phlegmatischen Temperament hat. Im Westen ist es der Mais (Kolben) mit einer Beziehung zum Melancholiker. Am südlichsten, in Afrika, entwickelte sich die Hirse (Rispe) zur Hauptgetreideart, ein sanguinisches Temperament ansprechend. Und am nördlichsten war der Hafer (Rispe), die Körnerfrucht, und prägte die cholerischen Wesensmerkmale („ihn sticht wohl der Hafer"). Hier in der Mitte haben die Kulturvölker den Weizen, den Roggen und die Gerste bevorzugt. Diesen drei Getreidearten gemeinsam ist ein Fruchtstand in Ährenform. Nur aus Ähren lassen sich Brote backen. Die Darreichungsform der anderen Arten geschieht als Brei (Hirse, Hafer, Reis) oder Fladen (Mais). Welch eine Zukunftschance für den Brotlaib in den Brei und Fladenbrot zubereitenden Kulturen!

Bevor die technische industrielle Lebensmittelproduktion ihren Siegeszug antrat, wurden fast alle Getreidesorten, bis auf den Weizen, traditionell für die Ernährung in Vollkornform zubereitet. Den Hafer entspelzte und quetschte man zu Flocken. Hirse und Reis wurden gekocht, der Mais zu Mehl zerrieben. Die Gerste wurde vor der Zubereitung geschält, bevor aus den Graupen ein Musbrei mit Gemüse zubereitet werden konnte. Sie diente nach den Überlieferungen damals auch für das „tägliche Brot", es war kein feines Brot. Überhaupt war die Brotqualität der Antike unvorstellbar schlecht, dicht, schwer und „sank im Wasser unter" [12]. Der geschrotete Roggen diente seit jeher für ein kräftiges Sauerteigvollkornbrot. Je dunkler das Brot, desto ärmer die Leute. Nur reiche Leute konnten sich helle Weizenbrote leisten. Dazu wurde der Weizen fein gemahlen, danach noch gebeutelt, um so den Abrieb der Mahlsteine und anderen Besatz auszusieben. Das diente dann zur Herstellung feiner Brote für die Oberschicht sowie für Gebildegebäcke zu Kultzwecken. So zeigt sich ganz nebenbei das große Maß an Wirklichkeit der Texte.

☞

DRITTENS

Eine weitere Aussage in den Texten ist es wert, auf ihren Wirklichkeitsgehalt hin überprüft zu werden, weil sie einen Zweck des Brotes erkennen läßt. Die erste Speise der Menschen war Manna, heißt es, dann gab es die der Tiere, und dann erst gab es Brot aus Ähren; wobei die Erwähnung von persönlichen Namen, wie Adam und Eva, im Zusammenhang mit den ersten Menschen „im Leib wie die Tiere" wohl so verstanden sein will, daß die Autoren zwischen Mensch und Tier unterscheiden. Denn nur Menschen geben sich Namen, die zu einer Persönlichkeit gehören. Eine Einstellung, die es festzuhalten gilt, weil jetzt erst der Brotlaib auftaucht als Frucht im Zusammenhang mit der Entwicklung des Menschen in einem Leib.

Das hieße: Läßt man diesen Aussagen ihr sehr großes Maß an Wirklichkeit, dann wird der Mensch im Paradies durch Manna ernährt, und außerhalb gibt es dafür das Brot – was jetzt ein Leben in Abhängigkeit von den irdischen Gegebenheiten einschließt.

Demgegenüber soll heute nach landläufig karikierender Meinung der Mensch vom Affen, also vom Tier, abstammen.

Der Mensch – ein nackter Affe?

Dann müßten für uns doch auch die fertigen Speisen genügen, und wir bräuchten kein Brot.

Was stimmt?

Diese vereinfachte Ansicht ist noch nicht so alt und hat die veröffentlichte Meinung Charles Darwin zugeschrieben. Ein Irrtum, der heute noch Verbreitung findet, nur nicht in den Schriften von Darwin so zu lesen ist. Im Gegenteil! Darwin selbst war Theologe und Anhänger der Schöpfungslehre und hatte sich, ohne akademischen Titel, sachlich und wissenschaftlich anerkannt, mit der Entstehung der Arten, hauptsächlich von Pflanze und Tier, auseinandergesetzt.

Darwin hat nach der Maxime gewirkt, wie Goethe einmal gesagt hat: Der Naturforscher soll das Erforschbare erforschen und das Unerforschbare verehren. Auch der Satz im Buchtitel „Kampf ums Dasein" wird als unglückliche Übersetzung von „struggle for life“ angesehen, was falsche Meinungsmacher anzog. Es sollte etwas Selbstverständliches beschreiben, das Leben in Abhängigkeit von den irdischen Gegebenheiten, was wir heute als Arbeitswelt erleben [13].

Auch heute sind wir noch abhängig von der Weisheit der Naturgesetze, von ihren Gaben und unserer Hände Arbeit. Mit der Hände Arbeit ist das gemeint, was wir aus dem Keim des Lebens seit damals nach Interessen und Neigung unterschiedlich entwickelten. Immer wieder leben in einer Population wenige, aber dafür um so kreativere Menschengeister, auch Genies genannt – ein Begriff, den Darwin als Bindeglied zwischen Individuum und Art einführte –, die dem Dasein einen wesentlichen Entwicklungsschub verleihen. Sie haben bis heute manche Abhängigkeit von der Natur reduziert – und auch manchen Schweiß. Bis zum Mittelalter lebten die Menschen von dem, was ein paar Genies in prähistorischer Zeit hervorgebracht haben: das Rad, die Eisenschmelze, Weberei und Töpferei. Auch wir leben heute noch davon und haben weiter darauf aufgebaut.

Darwins Lebensleistung bestand darin, als erster eine *„evolutionäre Ordnung“* bemerkt zu haben, eine natürliche Weiter- und Höherentwicklung allen Lebens. Zu verehren ist nur das Unerforschbare.

Aus dem *„Leib der ersten Menschen, der wie der Leib von Tieren wurde“*, ist, wie Darwin formuliert: *„...aus einem so schlichten Anfang eine unendliche Zahl der schönsten und wunderbarsten Formen“ entstanden, in einer Art „Entanimalisierungsprozeß“ [14].* Zum Beispiel zeigt das Stimmorgan eine ungeheure Funktionsvielfalt: vom Brüllen, Knurren oder Bellen, dem Zwitschern bis hin zur Entwicklung der Muttersprache, die das Menschenkind immer neu erlernen muß, da sie sich nicht vererbt.

Die Wirbelsäule richtete sich auf, der Schwanz verkümmerte. Die Hände und der Kopf wurden frei für viele Kulturleistungen – und um aus Ähren Brot werden zu lassen, eine Speise, die für alle diese Weiter- und Höherentwicklungen des Menschen und seines Leibes gedacht ist. Von Anfang an ist das Kulturgut Brot hier zu finden! Das ist das Bemerkenswerte an den alten Überlieferungen, die dem Getreide einen hohen Wert einräumen.

Ja, da stehe ich nun vor dem Bücherschrank, nehme das Lexikon und schaue nach, was dort über den Begriff und den Sinn des *Mythos* geschrieben steht, denn mit den Mythen über das Brot will ich ja beginnen. Nur die Mythen berichten über diese nachparadiesische Zeit, die unserem Denken entschwunden ist.

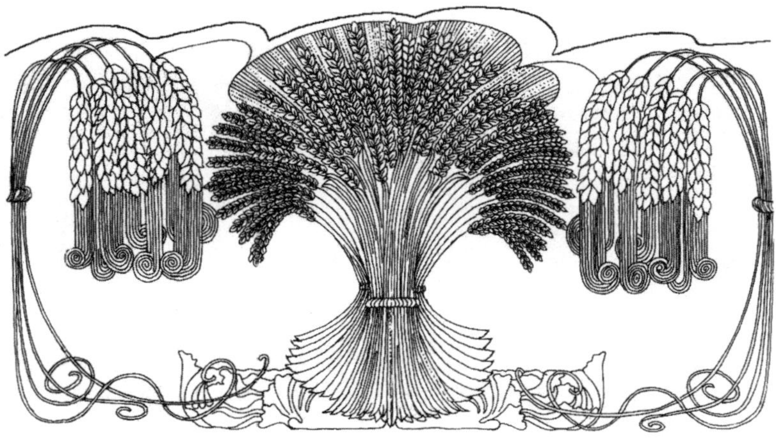

5. Der Mythos als Quelle des Wissens

– ein Weg zum Sinn des Brotes?

Ueber den Begriff und den Sinn des *Mythos* (nicht zu verwechseln mit *Mysterium* das Geheimnisvolle, das Unergründliche) sagt Meyers Lexikon folgendes aus:

> *„Der Mythos bringt keine Urteile, sondern will Realitäten darstellen, für die er keine rationalen Beweise zu erbringen braucht. Er will in seiner Weise geglaubt werden, dadurch Handlungen auslösen, die zu Zielen führen, die rechtens sind.“ [15]*

Vor über 100 Jahren formulierte es Johann Jakob Bachofen, ein Ethnologe aus Basel, so:

> *„Den Inhalt der Mysterienlehre in Worten darzulegen, wäre Frevel gegen das oberste Gesetz, ihn durch Mythen darzustellen ist der einzig erlaubte Weg“, um den „Inhalt der Mysterien in seiner dop-*

pelten physischen und metaphysischen Bedeutung im Gewande der Mythenbilder dem Beschauer vor die Seele" zu führen. Und das sei „als echtes, von dem Einflusse frei schaffender Phantasie durchaus unabhängiges Zeugnis der Urzeit anerkannt(...) als unmittelbare historische Offenbarung, folglich als wahre, durch hohe Zuverlässigkeit ausgezeichnete Geschichtsquelle". [6]

Das sind einsichtsvolle Formulierungen, mit denen hier unterschieden wird zwischen rationalen Beweisen, die glaubhaft mit den Werkzeugen der analytischen Wissenschaft erbracht werden können, und den nachvollziehbaren Bildern, die glaubhaft die Seele zum Verstehen der Bedeutung führen. Denn schon ein kurzer Blick z.B. in die Überlieferungen der griechischen Mythologie genügt, um bestätigt zu sehen, daß die Menschen dieser Zeit wirklich eine enge Verbindung zu außermenschlichen überpersönlichen Kräften, zu ihren Göttern, hatten.

Das alles mag uns heute fremd erscheinen. Aber daß die Griechen, jedenfalls die der frühen Zeit, zu ihren Göttern aufblickten, sich ihrem Schutz und ihrer Führung anvertraut haben, geht aus den alten Texten unzweifelhaft hervor. Wir bewundern noch heute ihre Tempel und Statuen, ihre Philosophenschulen und Mathematiker. Das waren keine Märchenerzähler, es waren Menschen wie wir, auf dem Weg ihrer Entwicklung.

Auf der Suche nach dem göttlichen Ursprung aller Dinge entdeckten sie Gesetzmäßigkeiten in der Natur, die Harmonie der Welt. Die Geometrie des Euklid um 300 vor Christus gilt bis heute. Pythagoras fand Zahlengesetze wie das Seitenverhältnis beim rechtwinkligen Dreieck. Der Philosoph Demokrit nahm das Wissen über die Existenz der Atome vorweg. Etwa 400 vor Christus vertrat er die Hypothese, bei fortgesetzter Teilung der Materie einmal auf ein unteilbares Teilchen zu stoßen (griechisch atomos – das Unteilbare). Es dauerte bis zum Jahr 1938 unserer Zeitrechnung, da gelang Otto Hahn erstmals die Spaltung von Uran. Seitdem ist klar: Auch die Atome sind nicht die kleinsten Einheiten. Man stieß auf den Mikrokosmos der Materie. Die so feste Materie scheint, je weiter man in ihr Inneres vordringt, immer leichter, unstofflicher zu werden – sie scheint sich gewissermaßen in nichts aufzulösen. Hier wird jetzt Materie als Energie, als Strahlung meßbar – je nach Art und Form das ganze Wellenspektrum widerspiegelnd. Die alten Griechen erfaßten das, was wir mit Frequenzen oder mit Zahlen messen, als die Harmonie der Welt. Sie hatten ein anderes Verständnis von Materie.

Es wäre also überheblich, wenn wir heute vergangene Epochen einfach mit der unseren vergleichen wollten, indem wir feststellen, daß ihnen Naturwissenschaft und Technik fehlen.

Das wäre eine Einstellung ohne Bezug zur Menschheitsgeschichte, zu ihren Erkenntnissen und Informationen, auf die wir aufgebaut und die wir über viele aufgefundene Kulturgüter vermittelt bekommen haben.

- Warum diese Selbstbeschränkung?
- Oder liegt dies an der Harmonieverschiebung unserer „sieben Diener", wie Tomatis es analysiert hat?

Eine weitere Hilfe zum Verständnis könnte folgendes Beispiel liefern. Es zeigt, warum nicht nur die Harmonie der Wahrnehmung bei unseren sieben Dienern gestört ist, sondern auch, wie begrenzt, aus der Natur der Sache, unsere Wahrnehmung selbst ist.

Unsere biologische Beschränktheit im Wahrnehmen bestimmter Wellenlängenbereiche haben wir durch verschiedene technische Errungenschaften erweitert. Heute wissen wir, es gibt Radiowellen, die wir nicht mit dem Ohr, aber über ein Instrument, das wir Radio nennen, wahrnehmen können. Das gleiche gilt für die Wellenlängen, die wir nicht direkt mit unserem Auge, aber vom Fernsehgerät „übersetzt" materialisiert sehen können. Jetzt ist es nur noch ein kleiner Schritt anzunehmen es gibt so etwas wie „die unbegreiflich hohen Werke", von denen Goethe sprach – also noch nicht ergründete Werte in der Nahrungsinformation, die von unserem Bauch empfangen werden. Allerdings ist uns der allgemeingültige Beweis mit den uns bisher bekannten Instrumenten noch versagt – bisher!?

Suchen wir Informationen aus der äußeren Welt, wollen wir wissen, was in ihr geschieht, dann schalten wir ein Radio oder das Fernsehgerät ein und nehmen Nachrichten in uns auf, lesen Zeitung oder ein Buch. So informieren wir uns über die Augen und unsere Ohren. Daß wir aber überhaupt Informationen über ein Radio oder ein Fernsehgerät empfangen können, funktioniert nur, weil wir die bestehenden Naturgesetze erforscht haben und sie jetzt nutzen können. Nun sind diese Geräte aber nicht die Informationen, die sie uns vermitteln. Sie empfangen und wandeln die Radio- oder Fernsehwellen eines Senders nur um, sie machen die Informationen hör- und sichtbar. Die Quelle der Information, der Sprecher, sitzt im Sender.

Nicht anders verhält es sich mit unseren Lebensmitteln. So ist das Brot auch ein Mittler, ein Empfänger von Leben – und nicht das Leben selbst. Aber wo befindet sich hier die Quelle des Lebens?

Wir Europäer fühlen uns heute nicht mehr von überpersönlichen Kräften gelenkt oder geführt. Es sei denn, etwas Gegenständliches würde unseren Sinnen gegenübertreten. Aber nach dem, was im Lexikon steht, sind Mythen „Realitäten", die, wenn man an sie glaubt, „zu Zielen führen, die rechtens sind". Und was rechtens ist, weiß doch ein jedes Herz.

- Wo finden sich also Mythen, die über das Brot berichten?
- Wo lassen sich Realitäten in Mythen aus vorgeschichtlicher Zeit finden, nachdem wir Menschen das „Geschäft" kennen, um aus Ähren Brote werden zu lassen?

Meine innere Stimme rät mir, in diesem Falle nach Mythen aus „uralter Zeit" zu suchen, um den Sinn der Kunst der Brotbereitung zu finden. Denn nur diese können als „einzig erlaubter Weg", *wie* es Bachofen formulierte, zu ihren Inhalten führen – zu den physischen ebenso wie zu den metaphysischen Bedeutungen. Das wären dann die Mythenbilder, die der Seele als historische Offenbarung, als zuverlässige Geschichtsquelle genügen. Denn der Mythos will ja nach Aussage des Lexikons „Realitäten darstellen".

6. Kultur der Brotbereitung: Spurensuche in „uralter Zeit“

Plato (griechischer Philosoph, 428—348 v.Chr.) hat in der Schilderung über Atlantis ein bedeutendes Zeugnis über die „uralte Zeit“ überliefert [6]. Das Wissen der aufgeschriebenen Fragmente über die Insel Atlantis will er aus der ägyptischen Geheimlehre empfangen haben. Der Drang, ihren Geheimnissen auf die Spur zu kommen, ist bis heute lebendig geblieben und äußert sich in einer mannigfaltigen Literatur. Es gibt auch noch andere Überlieferungen über schicksalhafte überirdische Eingriffe in das menschliche Wirken.

Aber in den Berichten über Atlantis finden sich Spuren über die Kultur der Brotbereitung.

Eine erst im letzten Jahrhundert geöffnete Quelle berichtet auch über diese sagenumwobene Zeit von Atlantis, von der Blüte bis zu ihrem Untergang in den Fluten des Meeres. Es ist eine Art Zeitzeugenbericht der letzten beiden Könige, Ororun und Orokun.

Sie berichten:

„Ich war der Beherrscher der Erde. Ororun heißt Erd-Herr. Mein Bruder Orokun beherrschte die Meere. Orokun heißt Meer-Herr.“ –

„Auf Gottes Geheiß versank Atlantis durch die Schuld seiner Bewohner in einer einzigen Nacht und dem darauffolgenden Tage in den Fluten des Meeres.“

Ein spannend inspiriertes Buch mit dem Titel: *„Verwehte Zeit erwacht“*[16].

Weiter ist dort zu lesen:

„Wir waren nicht die ‚ersten‘ Menschen, wie man vielfach annimmt. Aber wir waren das, was man ‚Titanen‘ nennt; wie unsere wesenhaften Freunde, die mächtigen Riesen, überragten wir die nachgeborenen Geschlechter an Leibesgröße, an Kraft und Lebensdauer. Wir waren ganz naturverbunden und verstanden nicht nur die Sprache der Wesenhaften, sondern verkehrten mit ihnen, als seien wir gleicher Art.“ – (...)

„Es hatte vor uns schon Menschen gegeben, die wir verächtlich als Tiermenschen oder ‚Lemurier‘ bezeichneten.“ – (...)

„Sie haben erzählt, daß Geschöpfe aus höheren Reichen Erde, Meere und Gestirne gebildet hätten.“ – (...)

„Wir waren die größte Rasse, alle anderen waren kleiner als wir, wenn auch nicht ganz so klein, wie ihr heute seid.“

Aber das Wesentliche in diesem Buch für mein Thema Brotkultur steht in einer Fußnote. Dort wird der Lebensunterschied für uns Heutige so erklärt:

„Die Ursachen dieser Unterschiede lagen in einer anderen Bahn der Erde. Erst das immer übler werdende Wollen der Menschen drückte den Kreislauf der Erde mehr und mehr herab. Es wurde dadurch alles in ihr und auf ihr dichter, schwerer, den fördernden Strömen des Lichtes weniger zugänglich.“

Als ich das las, begriff ich in dieser Information, unabhängig von der Dramatik, den Schlüssel, die Erklärung für die Wichtigkeit des Lichtes – auch in der Ernährung!

Das ist also der „Stoff“, der uns im Brote speist!

In diesem Buch ist noch eine weitere Information interessant: Die Bewohner von Atlantis kannten schon den Ackerbau, die Viehzucht und auch das Handwerk! Untätigkeit galt als Fluch.

„Mit Sonnenstrahlen entzündeten sie Feuer, das Wasser trieb die Mühle, die Korn und Kräuter zerrieb (...).“

Nachdenklich kann folgende Aussage stimmen:

„Ein Fluch, der auf Euch liegt, war uns unbekannt: Wir hatten kein Geld.“

Ja, das „liebe“ Geld: Sein Fluch ist uns bis heute erhalten geblieben.

Nach der Überlieferung über Atlantis, nach seinem Untergang, überlebte doch etwas: „Ihre Kultur durfte überleben“!

Es war die Kultur des Ackerbaus, die überlebte, denn die Mühle zum Mahlen des Korns und damit die Grundlage für die Herstellung von Mehl für das tägliche Brot war schon bekannt.

Eine Tatsache gilt es hier festzuhalten, daß eventuell auch das Getreidekorn, welches wir als Erdenfrucht heute noch kennen, seinen Ursprung in diesen Zeiten findet, die unserem Menschendenken entschwunden sind. Aber im Mythischen, so wurde ja geraten, finden sich zuverlässige Geschichtsquellen. Sie spiegeln den Anfang und das Ende einer Wegstrecke vom Entstehungsprozeß bis zu uns heute.

Erst dann kann sich ein Verständnis dafür entwickeln, was Brot für uns Menschen überhaupt ist. So meine ich, einen Weg gefunden zu haben zu den kulturellen Ursprüngen der Brotbereitung und zu den Werten, die da überleben durften!

Unserem heutigen Menschendenken ist das Wissen aus dieser uralten Zeit entschwunden. Aber Leo N. Tolstoi, ein bedeutender russischer Dichter und Denker (1828–1910), erzählt uns von diesem entschwundenen Wissen in einer Kurzgeschichte über den Ursprung des Getreidekorns folgendes:

☞

Vom Roggenkorn, das so gross war wie ein Ei

Kinder fanden einmal in einer Schlucht ein seltsames Ding: Es war so groß wie ein Hühnerei, hatte eine Rinne in der Mitte und sah wie ein Korn aus. Ein Reisender, der des Weges kam, sah die Kinder mit dem Ding spielen, kaufte es ihnen für drei Kopeken ab, brachte es in die Stadt und verkaufte es dem Zaren als Seltenheit.

Der Zar rief seine Weisen und befahl ihnen, festzustellen, was das sei: ein Ei oder ein Korn?

Lange grübelten die Weisen, konnten aber keinen Bescheid geben. Das Ding lag auf dem Fenster, da kam ein Huhn geflogen, pickte hinein, machte ein Loch in das Ding, und nun sahen alle, daß es wirklich ein Korn war. Die Weisen begaben sich zum Zaren und sagten:

„Es ist ein Roggenkorn."

Da staunte der Zar. Er befahl den Weisen, zu ergründen, wo und wann dieses Korn gewachsen war. Lange grübelten die Weisen, schlugen in den Büchern nach, konnten aber nichts ergründen. Sie gingen zum Zaren und sprachen:

„Wir können dir keinen Bescheid geben. In unsern Büchern ist nichts darüber zu lesen. Man muß die Bauern fragen, ob nicht einer von den alten Leuten gehört habe, wann und wo solches Korn gesät wurde."

Da befahl der Zar, einen ganz alten Bauern zu ihm zu bringen. Man fand einen solchen und führte ihn zum Zaren. Der Alte war ganz grün im Gesicht, hatte nicht einen Zahn mehr und schleppte sich mühsam auf zwei Krücken.

Der Zar zeigte ihm das Korn, der Alte aber konnte kaum noch etwas sehen. Halb sah er das Korn mit den Augen, halb betastete er es mit den Händen.

Der Zar fragte ihn:

„Weißt du nicht, Großväterchen, wo solch ein Korn gewachsen sein könnte?

Hast du selbst auf deinem Acker nicht solches Korn gesät oder hast in deinem Leben einmal solches Korn gekauft?"

Der Alte war taub, mit Mühe und Not hörte er, was der Zar sagte, mit Mühe und Not verstand er es. Und er gab Antwort:

„Nein, auf meinem Acker habe ich solches Korn nicht gesät und nicht geschnitten, habe auch nie solches gekauft. Wenn wir Getreide kauften, waren die Körner auch immer ganz klein. Aber ihr solltet auch meinen Vater fragen: Vielleicht hat er gehört, wo solches Korn wuchs."

Der Zar schickte nach dem Vater des Alten und ließ ihn zu sich führen. Man fand ihn auch und führte ihn vor den Zaren. Das war ein uralter Mann, der auf einer Krücke ging. Der Zar zeigte ihm das Korn. Der Alte hatte noch gute Augen und betrachtete das Korn genau. Und der Zar fragte ihn:

„Weißt du nicht, Großväterchen, wo solch ein Korn gewachsen sein könnte? Hast du selbst auf deinem Acker nicht solches Korn gesät oder hast in deinem Leben einmal solches Korn gekauft?"
Der Alte war wohl schwerhörig, verstand aber die Frage besser als sein Sohn.
„Nein", sagte er, „auf meinem Acker habe ich solches Korn nicht gesät noch geerntet. Gekauft aber habe ich es nicht, weil man zu meiner Zeit von Geld noch nichts wußte. Jeder nährte sich von seinem eigenen Getreide, und wenn einer Not litt, so teilten die andern mit ihm. Ich weiß nicht, wo dieses Korn gewachsen ist. Wohl war unser Korn größer und ergiebiger als das jetzige, so eines aber habe ich dennoch nie gesehen. Von meinem Vater habe ich freilich gehört, daß zu seinen Zeiten das Korn noch größer und ergiebiger war als zu unseren Zeiten. Fragt doch einmal den."
Da schickte der Zar nach dem Großvater. Man fand ihn und führte ihn herbei. Der Alte trat ohne Krücken beim Zaren ein, seine Schritte waren leicht, seine Augen hell; er hörte gut und sprach deutlich. Der Zar zeigte ihm das Korn. Der Großvater betrachtete es, drehte es in der Hand.
„Lange hab' ich unser altes Korn nicht gesehen", sagte er. Er biß etwas vom Korn ab und zerkaute das Bröckchen.
„Stimmt!" sagte er.
„So sage mir doch, Großvater, wann und wo ist solches Korn gewachsen? Hast du auf deinem Acker solches Getreide gesät oder es in deinem Leben irgendwo bei den Leuten gekauft?"
Und der Alte sprach:
„Zu meiner Zeit wuchs solches Korn überall. Von diesem Korn habe ich mich mein Leben lang genährt und die Leute gespeist. Dieses Korn habe ich gesät und geerntet und gedroschen."
Und der Zar fragte:
„Sage mir, Großvater, hast du irgendwo solches Korn gekauft oder es selbst auf deinem Acker gesät?"
Da lachte der Alte.
„Zu meiner Zeit", sprach er, „hat niemand sich eine solche Sünde auch nur denken können: daß Getreide gekauft und verkauft werden könnte. Und von Geld wußte man auch nichts: Jeder hatte daheim Getreide genug."
Und der Zar fragte weiter:
„Sage mir noch, Großvater, wo hast du dein Korn gesät und deinen Acker gehabt?"
Und der Alte erwiderte;
„Mein Acker war Gottes weite Erde. Wo ich sie aufpflügte, da war mein Acker. Der Boden war frei. Von eigenem Lande wußte man damals nichts. Sein eigen nannte man nur seine Arbeit."
„So gib mir noch auf zwei Fragen Antwort", sprach der Zar.

„Erstens: Warum gab es früher ein so großes Korn, und warum wächst es heute nicht mehr? Und warum ging dein Enkel auf zwei Krücken, dein Sohn nur auf einer, und du selbst kamst ganz leichten Schrittes? Deine Augen sind hell, deine Zähne sind kräftig, deine Rede klingt freundlich klar. Wie sind diese Dinge möglich?"
Und der Alte sprach:
„Das ist daher gekommen, weil die Menschen aufgehört haben, von ihrer eigenen Arbeit zu leben, weil sie es immer nach fremder Arbeit gelüstet. In der alten Zeit lebte man nicht so. In der alten Zeit lebte man nach Gottes Gebot: Man hielt fest, was man hatte, und begehrte nicht nach dem, was den andern gehörte." [17]

Hier wird ein altes und auch heute noch aktuelles Grundproblem offenbar: der Zwiespalt zwischen den Harmoniegesetzen des Himmels und des Menschen Eigensinn.

Eine weitere Erzählung, allerdings nicht aus „uralter", sondern aus einer geschichtlicheren Zeit – vor etwa 3000 Jahren –, überliefert ähnliches.
Damals mahnte Moses sein Volk in seiner Verfassung, in der es heißt:
„Ihr könnt den Boden nicht dauernd veräußern - denn sein Eigentümer ist Gott, der Herr. Ihr seid Pächter und könnt allenfalls Boden in Unterpacht geben und nehmen. Denn ihr seid Lehensträger Jehovas." [2]

Demnach können wir Menschen mit unseren individuell entwickelten Talenten, Kenntnissen und Fertigkeiten den vom „Eigentümer" zur Verfügung gestellten (toten) Boden nach seinen Gesetzen wohl nutzen. Wir können zum Beispiel mit der Hände Arbeit die Nahrung darauf anbauen. Damit sind aber noch nicht die Fruchtbarkeit und das Leben im Boden eingebracht für Roggenkörner, so groß wie ein Ei, um daraus Brote zu bereiten zum Erhalt der Gesundheit bis ins hohe Alter!

- Mit wem oder was müssen wir da noch rechnen und zusammenarbeiten?

Nur wer fragt, erhält Antwort – so heißt es für den, der nach Wissen strebt.

Ein anderer russischer Schriftsteller, Alexander Solschenizyn (*1918) definiert das Problem ähnlich und ist der Auffassung:

„Die Menschen haben Gott vergessen. Und das ist der Grund für die Probleme des 20. Jahrhunderts. Wir werden keine Lösungen finden ohne die Umkehr des Menschen zum Schöpfer aller Dinge.“ [18]

So könnte es wohl sein, denn wenn ein Mensch Gott vergessen hat, dann sucht er auch nicht mehr bei Problemen nach Lösungen in Harmonie mit den ewigen Gesetzen.

Allerdings trägt diese Vergeßlichkeit einen Widerspruch in sich: Denn erst nach der Vertreibung aus dem Paradiese wurde der Leib der Menschen wie der der Tiere, so steht es in den Apokryphen. Und die Anthropologen machen den Beginn der ersten Menschen außerhalb des Paradieses, also hier auf Erden, an dem Punkt fest, wo sich Rituale für eine Beisetzungskultur finden lassen. Erst hier zeigt die Entwicklung des Menschen im Tierleib einen Bewußtseinsschritt, der auch zum aufrechten Gang führte: einer Orientierung nach oben, dem Himmel, seinem Ausgangspunkt zu, der aus innerem Sehnen entspringt, daß etwas weiterlebt. Sonst würden die symbolischen Grabbeigaben keinen Sinn ergeben, die man auf diesem Weg zurück ins Paradies nötig hat: Speisen, zu denen auch das Brot gehörte, Gegenstände des Alltags, Attribute aus seinem irdischen Wirken als Referenz. Eine Kulturleistung, die im Tierreich nicht zu finden ist und die in letzter Erkenntnisform das Wissen über diese Wirklichkeit bewußtwerden läßt. Oder ist die Sehnsucht in der Zeit zwischen Geburt und Tod erloschen, das Suchen vergessen in der Hektik des Alltags?

In dem Bericht über die sagenumwobene uralte Zeit von Atlantis war zu erfahren: „Ihre Kultur durfte überleben.“

- Warum nur ihre Kultur?
- Hatte sie allein noch Verbindung zum Himmel?
- Überliefert ist: Zu ihrer Kultur gehörte die Kunst des Landbaus sowie die der Nahrungsherstellung. Da drängt sich natürlich jetzt die Frage auf: Sind von ihr noch Spuren zu finden?
- Könnten wir heute noch von ihr lernen?

- Und wo soll man mit dem Suchen beginnen?
- Lassen sich vielleicht in den Überlieferungen der alten griechischen Mysterienstätten Informationsspuren über die Kultur aus Atlantis finden?

7. Kultur der Brotbereitung: Spurensuche in der „alten" Zeit

Blickt man in die alten Überlieferungen der griechischen Mythologien, so läßt sich leicht erkennen, daß diese Menschen eine Verbindung zu überpersönlichen Kräften besaßen.

- Der Mensch, ein von den Göttern geführtes Wesen?
  Das mag uns heute fremd erscheinen.
  Deshalb sei hier eine Frage an die alten Griechen erlaubt:
- Welchen Zielen, welchem Handeln dienten damals ihre Heiligtümer wie die olympische Mysterienstätte, wie Delphi, wie Epidauros oder Eleusis?
- Welche Realitäten lassen sich für uns sterbliche Menschen in diesen Mythen heute noch finden?
- Und finden sich auch Spuren über die atlantische Kultur, die überleben durfte, auch Spuren über die Brotkultur?

Der Begriff *Kultur* ist erklärungsbedürftig, weil die Werte und Inhalte, welcher dieser Begriff umschreibt, heute anders interpretiert werden. Aus den Überlieferungen über die uralte Zeit war ja zu erfahren, „ihre Kultur" konnte überleben. Das Wort *Kultur* geht auf das lateinische Verb *colere/cultus* zurück. Daraus formte sich dann der Begriff *cultura,* welcher ursprünglich eine Bedeutung hatte, die in elementarem Lebenszusammenhang des Menschen gründet, nämlich das Bebauen, das Bestellen und die Pflege der Äcker in Harmonie mit dem Himmel. Damit ist der Bauer ein Kulturträger, auch der Müller – und natürlich auch wir Bäcker. Jedenfalls haben sich hier eine Abgrenzung und Wertigkeit gefunden im Unterschied zu dem, was wir heute als Unterhaltungs- und Spaß-Kultur verstehen und praktizieren. Deshalb entdecken wir in den Überlieferungen über die uralte Zeit auch Hinweise über die Kultur der Boden- und Pflanzenpflege sowie der Nahrungsherstellung.

Erst einige Jahrtausende später erweitert Immanuel Kant (1724—1804) den Begriff Kultur auch auf die Pflege, Ausbildung und *„Entwicklung der geistigen, seelischen und leiblichen ‚Naturkräfte' des Menschen aus ihrer ‚Rohigkeit', in der sie den Menschen beherrschen, zu dem Zustand, in dem sie der Mensch beherrscht" [15].*

Zu dieser Entwicklung gehörte und gehört noch immer auch die Pflege einer Eßkultur, gehört auch die Kultur des Herstellungsprozesses wie die der Zubereitung von Lebensmitteln.

Dabei ist es für uns Bäcker von Bedeutung, über alle Herstellungsstufen *„das Konzert der Natur möglichst unverfälscht, so, wie es die Natur durch kleine, aber wichtige Schritte komponiert hat, als Botschaft den Menschen weiterzureichen und das Konzert, den Klang, im Herstellungsprozeß zu erhalten" [19].*

Bei den alten Griechen in Epidauros, einer Mysterienstätte der Heilkunst, sah man den Ursprung von Krankheit oder Gesundheit darin, inwieweit sich der einzelne Mensch von Rohheit, von erdgebundenen Gedanken lenken läßt oder nicht.

So muß wohl damals Atlantis krank gewesen sein, bis auf seine kulturellen Werte. Sie waren der Keim, sie gaben die Impulse für einen Neuanfang, für eine neue Zukunftschance. Denn nur menschliche Werke, die den Himmel nicht vergaßen, waren von Bestand, heißt es in den Überlieferungen.

Eine Entwicklung, wie wir sie auch heute bei unserem täglichen Brot erleben: vom geheiligten Brot zum profanen Wirtschaftsgut.

Die „kulturellen Werke" spiegeln nicht mehr eine geistige Höherentwicklung wider, sondern sie werden zum Ausdruck des Sich-Entfernens von einer natürlichen, belebenden Mitte. Weg von einer inneren höheren Führung, die, in einer Bildersprache eingebacken, helfen will, das einzigartige Leben zu verstehen – weg von einer individuellen regionalen Handwerkskultur, hin zur lagerfähigen überregionalen Massenware!?

Weg von einem Lebensvermittler, von einem Lebens-Mittel, hin zu einem Nahrungs-Stoff!

Versucht man den Bildinhalt des Zitats „Der Mensch ist, was er ißt" hier anzuwenden, dann bedeutet es für diese vielen Menschen, die auch bei Lebensmitteln nach niedrigpreisiger Ware verlangen, einen Weg zu gehen hin zu *erdgebundenen Gedanken.*

Wir wissen, die Gaben der Natur sind ein Geschenk, sie bilden unser Lebensfundament, aus dem heraus wir unsere Menschenwerke wachsen lassen können. Jedes Jahr aufs neue schenkt uns die Natur, zu der auch der Himmel mit der Sonne und den Sternen gehört, in Zusammenarbeit mit dem Bauern das Getreide, von dem wir leben. Hier erkennen wir die Kulturaufgabe des Menschen, der Natur durch unser Tun und Wirken gleichsam die Krone aufzusetzen, indem wir mit ihr zusammenarbeiten; dies aber nicht mit gewalttätigen künstlichen Mitteln, sondern mit Mitteln der Natur selber, unter der Führung des gestaltenden Menschengeistes.

Aber in der Verbindung von Natur und Mensch – durch unser Einwirken – kommt etwas hinzu, was auf die Entwicklung und Entfaltung mit Einfluß hat: die innere Haltung im Geöffnetsein, um die Harmonie des Himmels zu empfangen und sie dabei teilhabend weiterzureichen. In diesem Spannungsfeld liegt eine individuelle Entwicklungsmöglichkeit zu Frieden und Glück.

Als Bäcker sehe ich das so:

Wir sind Mittler zwischen der Kommunikation der Kräfte in der Natur und unseren Mitmenschen. Hierin kann eine Berufung liegen!

Kommen wir noch einmal kurz zurück auf die Inhalte der atlantischen Kultur, die überleben durfte.

In vielen Sagen, in unzähliger Literatur wie auch in den Mythen sind davon Spuren zu finden. Sie alle weisen darauf hin, daß der Ursprung des Getreides, der Ursprung der Kunst des Ackerbaus und der Brotbereitung in der Zeit vor der Flut zu suchen ist, eben in der atlantischen Epoche.

In einem anderen Buch mit dem Titel „*Das Getreide als menschengemäße Nahrung*“ von G. Schmidt und U. Renzenbrink heißt es:

„Nach Atlantis müssen wir unsere Blicke richten, wenn wir die Urheimat der meisten unserer Nutzpflanzen suchen. (...) die hauptsächlichsten Cerealien wie Weizen, Korn, Roggen, Hafer, Mais usw. (...) zuerst angebaut und gezüchtet wurden.“

Und auch diese Autoren weisen darauf hin, daß diese Kultur überleben durfte:

„Die Geschichte von Atlantis ist der einzig rechtmäßige Schlüssel zur ganzen griechischen Mythologie.“ [6]

Auch ein Albert Steffen wird darin zitiert, der in einem Aufsatz von 1936 *(„Über die Mysterien von Eleusis“)* folgenden Text dem Noah in den Mund legte:

„Ja, ehemals, vor der Flut, gab es Getreide
mit markig-dicken, milchdurchdrungenen Ähren,
nach den Gestirnen duftend, sieben Sorten,
und wer sie aß, der wurde niemals krank.
Dann schrumpften sie und wurden hart und dürr,
weil wir den Himmel, den wir aßen, ach!
vergaßen. (...)“

War deshalb das Roggenkorn früher so groß, und ist es darum heute so klein?

Herodot (ein griechischer Geschichtsschreiber, 490–430 v.Chr.) erzählte, daß damals, bei den persischen Bauern, deren Pflanzen auf den Feldern sechshundertfach Frucht trugen. [2]

Die Natur des Getreides war, nach den mir bekannten Berichten, vor dem Untergang von Atlantis noch eine andere: Es heißt, sie war „milchdurchdrungen“. Einen Nachklang dieser milchdurchdrungenen Ähren finden wir heute noch in der Entwicklungsstufe der Getreidekörner, die „Milchreife“ genannt wird. Entnehmen wir in diesem Reifestadium der Getreideähre ein Korn und drücken es zwischen den Fingern, so quillt ein weißer, milchiger Saft hervor.

Heute nimmt man allgemein an, daß die Gerste das älteste Getreide ist, dem sich später der Weizen beigesellte. Auf jeden Fall war sie Grundlage der griechischen Ernährungsweise, eines Gerstenbreis, der sogenannten *Maza*. Derartige allgemeine Ernährungsanordnungen entstammten damals den Weisheiten der Mysterienstätten.

Plato empfahl den Bürgern seines *idealen Staates*, daß sie sich in der Hauptsache von Gerste und Weizen ernähren sollten [6]. Bei Aristoteles ist ein Ernährungshinweis für Kinder zu finden: Er empfiehlt eine milchreiche Nahrung „am besten mit Zusatz von Gerstenmehl“. Homer bezeichnete die Gerstengraupen wegen ihres hohen Nährwertes als „Mark der Männer“. Auch bei den Römern war in der Frühzeit die Gerste das Hauptnahrungsmittel. Der griechischen Maza entsprach beim Römer der *puls*, zubereitet aus Gerste, Hirse oder Emmer (Weizen). Die Gladiatoren erhielten die gesunde und kräftigende Gerste. Auch bei den Germanen ist Gerste die Hauptnahrung, ein sogenannter *Mus* (Schrotmehlbrei) mit verschiedenen Zusätzen. Nach anderen Schilderungen hingegen wurden die Germanen auch als „Haferfresser“ bezeichnet.

Das Brot blieb, ähnlich wie später in Mitteleuropa, eine Speise der Vornehmen. Wobei wir unter der Bezeichnung Brot nicht das verstehen müssen, was wir heute als gebackenes Gebilde kennen. Der Begriff *das tägliche Brot* umfaßte mehr: die Nahrung überhaupt – ob nun als Getreidebrei oder als getrocknetes, gebackenes Fladenbrot – mit Zusätzen wie Hülsenfrüchten, Kohl, Salaten, Lauch, Zwiebeln und Gewürzen. Das Brot in Laibform entwickelte sich erst später.

Mit viel Arbeit und Sorgfalt war das Verfahren verbunden, die Gerste zu bereiten. Die alten Geräte zur Verarbeitung des Getreides sind häufig künstlerisch verziert und spiegeln den Sinn für Schönheit und Harmonie der jeweiligen Kulturstufe wider. Arbeit war noch keine Last.

Ob nun bei den Ägyptern, den Persern, Griechen, Römern oder bei uns heute: Verläßt der Mensch die einfache, gesunde Kost oder läßt sich von einem ungezügelten Appetit beraten und geht zu immer größerem Wohlleben über, so wird das als ein Zeichen für den moralischen Verfall innerer Werte aufgefaßt – durch äußerliche Genüsse sollen Inhalte in sein Leben getragen werden. Eugen Roth hat dies in seinem Werk *„Der letzte Mensch"*, München 1964, so umschrieben:

„Ein Mensch gelangt mit Müh und Not
vom Nichts zum ersten Stückchen Brot.
Vom Brot zur Wurst geht´s dann schon besser;
Der Mensch entwickelt sich zum Fresser.
Und sitzt nun, scheinbar ohne Kummer,
als reicher Mann bei Sekt und Hummer.
Doch sieh, zu Ende ist die Leiter;
Vom Hummer aus geht´s nicht mehr weiter.
Beim Brot, so meint er, war das Glück,
doch findet er nicht mehr zurück."

Die Ernährung der bekannten Kulturvölker war früher eine einfache Kost. Auch Fleisch ist zu finden, aber mehr als seltene Zugabe und vor allem dann, wenn körperliche Arbeit zu verrichten war. In der „alten Zeit" lag der Anteil an Pflanzenkost, der sich bis heute auf fünfzig Prozent reduziert hat, bei über neunzig Prozent [12].

Zu diesem Thema haben Archäologen einen Beitrag geleistet.

„Der Spiegel" schreibt darüber folgendes:

„Zwei Millionen Jahre lang hatte der Zweibeiner von der Hand in den Mund gelebt. Unstet zog er durchs Biotop. Der australische Archäologenpapst Gordon Childe nannte ihn einen „Parasiten". Dann ging es Schlag auf Schlag. Nach der letzten Eiszeit stieg Homo Sapiens ins produzierende Gewerbe ein. In schneller Folge erfand der Mensch die Lehmhütte (um 9000 v.Chr.) und das Brennen von Tongefäßen (8000 v.Chr.). Er züchtete das erste Getreide (7600

v.Chr.) und päppelte das erste Ferkel im Stall (7000 v.Chr.). „Neolithische Revolution" hat der Archäologe Childe diesen umstürzenden Wandel des Lebens genannt, welcher schließlich zu Wolkenkratzern und Gentech-Raps führte. Auch das Epizentrum des Fortschritts läßt sich genau lokalisieren. Ausgangspunkt der Entwicklung, gleichsam die Wiege des Ackerbaus, war der Raum südlich des Schwarzen Meeres." [20]

Weiter heißt es dort:

„Menschen (...) schufen mit Sichel, Mahlsteinen und Backformen einen künstlichen Garten Eden – die Kornkammer im Nahen Osten. Der Weg von der Aussaat bis zum fertigen Brot umfaßte rund 40 Arbeitsvorgänge. Gleichwohl hatte die neue Form der Selbstversorgung enorme Vorteile: Mit Getreide konnten auf engem Raum große Menschenmassen ernährt werden. Bislang waren die Gelehrten sicher, keine Immobilie ohne Getreide."

Neuere Funde in jüngster Zeit sollen nach den Berichten der Autoren aber beweisen: Nicht die seßhaften Bauern, sondern „Sammler und Jäger errichteten die ersten monumentalen Gebäude der Weltgeschichte". Der Heidelberger Archäologe Klaus Schmidt hat im Süden der Türkei, in einem Schuttberg von Göbekli, ein Bergheiligtum entdeckt. Die Stätte ist 11.000 Jahre alt. Diese Bewohner von Göbekli kannten kein Brot.

Schmidt zufolge war das Bergheiligtum eine gigantische Speisekammer, ein Stierheiligtum. „Im Zentrum standen die Tempel, in der Peripherie lagen die Fleischhäuser."

Ein zweiter großer Fundort in der Zentraltürkei heißt Catal Hüyük. Hier lebten 10.000 Menschen, eingepfercht in dunklen Katakomben, auch ohne Brot. „Backformen oder Mahlsteine wurden jedoch nicht gefunden."

Über die Lebensverhältnisse hat man folgendes herausgefunden:

„Catal Hüyük besaß weder Straßen noch Gassen. Grauenhafte hygienische Bedingungen mußten in den Steinzeit-Pueblos geherrscht haben. Geschätzte 2.000 Familien lebten in den Buden. Kot, Abwässer, Speisereste fielen auf den Boden. Die Toten kamen in Freihöfe, in denen sie verwesten und von Geiern gefressen wurden. Blanke Skelette vergrub man unter den Betten." [20]

Besser kann man eine Lebensform ohne Kultur, ohne Brot, nicht beschreiben. Hier ist ein Nebenweg der menschlichen Entwicklung gefunden und ausgegraben worden, weg von der höheren Führung. Hier finden sich keine Spuren der Kultur, die nach Atlantis überlebte.

In anderen Überlieferungen sind sie aber zu finden. Denn neue und verschiedene menschliche Gemeinschaften tauchten nach dem Untergang von Atlantis auf der veränderten Erde wieder auf. So führten die Informationen über die veränderte Lebenssituation auf der Erde mich zu den Mysterienstätten im griechischen Kulturraum. Hier finden sich auch Orte – nur sind es Zentren der Kultur –, wo der *Himmel* die *Erdgeborenen* wieder lehrte.

Hier tauchen also die kulturellen Werte aus Atlantis wieder auf. In den alten griechischen Mythologien sind sie uns erhalten geblieben. Allerdings sind sie mit viel dichterischem Beiwerk geschmückt – vielleicht, um den Kern der Wahrheit den profanen Blicken zu entziehen?

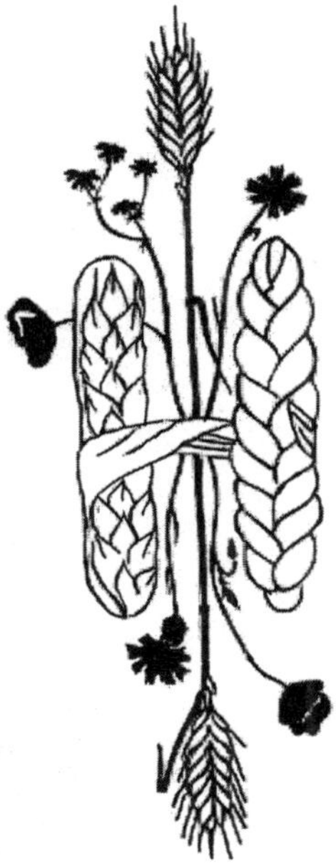

*„Mit Wasser und
Brot
kommt man durch
alle Not"*

8. Eleusis und die Kunst der Brotbereitung

– Brot, ein Geschenk des Himmels?

Ich mußte erst einmal zur Kenntnis nehmen, daß die Denkgewohnheiten oder die Bewußtseinshaltungen der alten Griechen, auch Weltbild genannt, sich von unserem heutigen Weltbild gewaltig unterscheiden. Daraus ist abzuleiten: Es muß vor dieser Zeit einen älteren Bewußtseinszustand gegeben haben, und es wäre zu hoffen, daß sich, auf den unseren folgend, ein neuer entwickeln wird – ein friedlicherer?

Wünschenswert wäre eine harmonische, lichte Entwicklung des menschlichen Geistes!

Befragen wir einmal aus unserer heutigen Bewußtseinshaltung die alten Mysterienstätten der Griechen.

- Haben sie uns noch etwas zu sagen, zu vermitteln?

Lassen wir sie doch einmal zu uns sprechen.

Olympia – im Wettstreit zur Individualität

Bei der Betrachtung der Mysterienstätten, zum Beispiel des olympischen Heiligtums, läßt sich folgendes erkennen: Es ist eine Stätte des Wettkampfes, der den olympischen Frieden, den äußeren Frieden voraussetzte, solange der Wettkampf dauerte. Fragt man nach dem inneren Sinn dieses Ortes, dann muß er eine Stätte für die Entwicklung des menschlichen Selbstbewußtseins gewesen sein; denn der Sieger erlebte seine Persönlichkeitskräfte, seine Individualität im Wettkampf, und es offenbarte sich ihm, daß zwischen den einzelnen Menschen Unterschiede bestehen. Ob weiblich oder männlich, die Gattung Mensch bleibt gleich, aber jedes Individuum als Persönlichkeit einzigartig, unvergleichbar. Dies ist ein wesentlicher Lernschritt für inneren Frieden, der vor langer Zeit schon geübt und vollzogen wurde.

Hielt sich der Mensch an die vermittelten Gesetze und gezeigten Ordnungskräfte, dann wurde er zu Zielen geführt, die „rechtens" sind.

Wir kennen heute noch den Erfahrungsbericht über Herkules oder Herakles, einen *himmlischen* Heroen aus dieser Epoche. Ein Held, ein Vorbild, der das Böse oder Falsche bekämpfte und dank seines lichten Ursprungs – trotz vieler gefahrvoller Herausforderungen – Sieger blieb, indem er das Gute und Richtige unterstützte.

Im Vorraum des Zeustempels wurden seine zwölf Taten im Gebälkfries der Nachwelt übermittelt; sie sind in zahlreichen Bruchstücken wiedergefunden worden.

Wie wir heute wissen, ist die ganze griechische Kultur, auch das olympische Heiligtum, unter der Herrschaft der Römer verfallen. Der Fluß Alpheios hat dann seine Schwemmsande über diesen Ort geschüttet – bis unsere Archäologen kamen und die Weisheiten der Griechen freilegten.

Delphi – eine Stätte des Orakels

Eine weitere Mysterienstätte für die *sterblichen* Menschen war Delphi, ein Ort, der mit Hilfe der Orakelsprüche Gesetz und Ordnung organisierte, welche das Staats-, Volks- und Familienleben der Griechen erzogen. Mit

Kunst, Poesie und musischem Wettstreit inspirierte das Heiligtum die Lebenskunst. Die großen Dramen wurden hier im Theater vor- und aufgeführt. Ein Schauplatz von exemplarisch dargestellten Menschenschicksalen, die die Herzen der Zuschauer bewegten und erzogen.

Auch hier findet sich das alte und immer wieder neue Lernbild von Richtig und Falsch, von der Freiheit in der Entscheidung und der Unausweichbarkeit ihrer Folgen.

Heute, etwa 2.000 Jahre danach, hat der Geophysiker Jelle de Boer von der Wesleyan University of Connecticut gemeinsam mit einem Historiker folgendes herausgefunden: Die Lage des antiken Delphi ist geologisch einzigartig. Am Fuß des Parnaß, nördlich des Golfs von Korinth, verwerfen sich zwei Erdplatten. Genau unter den Ruinen des antiken Delphi kreuzen sich zwei Gesteinsrisse, aus denen betäubende Gase austreten, die zu traumähnlichen Bewußtseinszuständen führen können.

> *„Alles, was die alten Quellen berichten, ist stimmig", sagt de Boer, „unsere Forschung zeigt wieder einmal: Viele Legenden haben einen wahren Kern." [20]*

Und man erinnere sich: Das Lexikon spricht auch von „Realitäten", wenn es um die Quellen der Mythen geht.

Epidauros – die Stätte der Heilkunst

Eine weitere Kultstätte für die Menschen war Epidauros, eine Stätte der Heilkunst im alten Griechenland. Hier wirkte Asklepios, der Heiler der Krankheiten. Aus der römischen Zeit sind die Reiseberichte eines Pausanias bekannt, der in seinen Schilderungen erwähnte, daß zu seiner Zeit in dem Heiligtum noch sechs Stelen vorhanden waren mit darauf verzeichneten Heilfällen.

Mit Milde und mit Helferwillen soll sich Asklepios den Menschen zugeneigt haben. Allerdings auch mit einem gewissen listigen Sinn, wenn Interesselosigkeit und mangelnde Beteiligung am Heilprozeß zu spüren waren. Einer Frau zum Beispiel, die sich eine „Schwangerschaft" wünschte, hilft er. Aber sie kann nicht gebären. Nach Epidauros zurückgekehrt, muß sie sich von Asklepios sagen lassen, sie hätte sich ein „Kind" wünschen sollen. Nach einer Opfergabe konnte sie gebären.

Der Kranke hatte also an seiner Krankheit selbst mitzuarbeiten. Und krank kann ein Mensch werden, so die damalige Erkenntnis, wenn er mit seinem Denken im Haupte nicht götterwürdige, sondern erdergreifende Gedanken denkt.

Für die Griechen war es ein erstrebenswertes Ziel, sich in Übereinstimmung mit den Wesen der geistigen Welt zu wissen. Uns sind Bewußtsein und Verständnis dafür verlorengegangen, es wird auch nicht mehr gelehrt oder die Verbindung gesucht, vergessen. Auch haben wir keine Erfahrung auf diesem Gebiet. Suchen wir doch einfach wieder nach Informationen aus der Einheit! Erkennen wir im Symbol die Symbiose, das Zusammenwirken artverschiedener Teile wie Himmel und Erde – erkennen wir die Harmonie der Welt.

Diese Beschreibung der Kultstätten habe ich aus den „Mitteilungen des Carl Gustav Carus-Instituts" [21], Pforzheim, zusammengestellt. Dieses Institut arbeitet an den Grundlagen der Krebs-Mistel-Forschung. Das Schicksal hatte meinen Lebensweg 1974 dahin gelenkt, um an einer kleinen werblichen Aufgabe für dieses Thema mitzuarbeiten. Dabei lernte ich auch den „All-Chemiker" kennen, der mir seine Brotexperimente zu kosten gab.

„Brot hat Verstand", heißt es. Bei mir hat dieses Brot gewirkt, ich wurde nicht nur satt, sondern auch zufrieden und bin dankbar über die gefundenen und aufgenommenen Informationen. Denn: „Brot ist, worauf alles andere steht".

Das Brot ist also das, worauf alles andere steht. In den alten Kultstätten, wie auch später in den biblischen Schriften, lassen sich auch heute noch Bestätigungen dafür finden. So ist Eleusis eine weitere Stätte, eine Stätte zur Kunst der Brotbereitung! Man nennt sie auch die *Brotkirche von Eleusis.*

- Was hat aber eine Mysterienstätte mit Brot zu tun?
- Und warum nimmt später Jesus das Brot als Symbol?

„Ich bin das Brot des Lebens. Wer zu mir kommt, wird niemals hungern, und wer an mich glaubt, wird niemals dürsten" (Joh. 6,35).

Im christlichen Kultus feiert das Getreide eine Auferstehung als Nahrung für uns Menschen!

Dabei wird das Brot zum Zeichen für das Wichtigste: für das Leben überhaupt! Etwas so Wichtiges herzustellen macht nicht nur Mühe, sondern bedarf der Sorgfalt in Harmonie mit der Natur.

Es bedurfte also einer neuen Kultur des Acker- und Getreidebaus nach dem Untergang von Atlantis, um wieder an das „Lebenslicht" Anschluß zu finden. Das Wissen dazu wurde uns Erdgeborenen damals in Mysterienstätten vermittelt. Es schlief noch der technische „Geist", obwohl Perser oder Griechen schon so etwas kannten wie „Erntemaschinen". Aber es waren noch nicht diese Automaten, die uns Menschen die Arbeit abnahmen, damit wir Zeit zum Totschlagen hatten.

Später dann, im sechsten Jahrhundert nach Golgatha, gründete der Prediger Benedikt von Nursia für seine Anhänger eine „Schule, in der man dem Herrn dient". So entwickelten sich Klöster. Sie sammelten damals das überlieferte Wissen und vermittelten es weiter. Ein Lernprozeß wurde ausgelöst. Die Klosterwirtschaft wurde für ganz Europa zum landwirtschaftlichen Lehrbetrieb. Erst später, im Mittelalter, erfand der Mensch die Universitäten.

Spitzfindigkeiten und Gedankenexperimente entwickelten sich und bereiteten die experimentierende Naturwissenschaft vor. Bei diesen Experimenten ging es nicht mehr um reine Beobachtung der inneren Wirklichkeit, sondern auch um künstliche Erfahrung, mit deren Hilfe eine Hypothese überprüft werden sollte [20].

◆ Also menschliche Werke – ohne Verbindung zum Himmel; oder nur ein Umweg zurück zum Himmel?

Die alten Griechen jedenfalls erlebten noch den göttlichen Ursprung aller Dinge bei der Entdeckung von Gesetzmäßigkeiten in der Natur. Damals muß die Verbindung zu den überpersönlichen Kräften noch intakt gewesen sein. Denn nur so läßt sich erklären, warum Spuren der Kultur überlebten und sich in historischer werdenden Epochen wiederfinden lassen.

In Rom fand das Wissen als Ceresdienst seinen Eingang. Und es wird berichtet, daß die römischen Cäsaren, von Augustus bis Marc Aurel, Eingeweihte der eleusinischen Weisheiten waren. So strahlte das Licht des Wissens und der Erkenntnis weiter verblassend bis in die christliche Kulturentwicklung hinein. Aber sehen wir zuerst, was die Getreidegöttin Demeter, die Begründerin der Mysterienstätte von Eleusis, damals den zur Einweihung bereiten Menschen vermitteln wollte.

Wer seinen Acker baut, wird Fülle haben.
Wer aber unnötigen Sachen nachgeht, der ist ein Narr.
(Salomo)

9. „Lob der Demeter"

oder die Kunst des Acker- und Getreideanbaus

In Griechenland tauchte das Bild der Demeter auf. Sie ist eine olympische himmlische Gottheit, keine Erd-Gottheit, so schildern sie die Überlieferungen. Eine himmlische Mittlerin, die den Menschen nährte und durch die Nahrung im Menschen die Kräfte der Ordnung, des Friedens und der Harmonie begründete.

◆ Ist das heute nicht auch noch so, wenn ich das Bild aus dem Mythos auf unsere Ernährungslehre übertrage?

Wenn wir essen, ernähren wir uns wie damals von den Kräften, die in der Pflanze oder dem Tier enthalten sind. Wir ernähren uns auch von Luft und Wasser. Drei Minuten können wir, ohne Luft zu holen, leben, etwa drei Tage ohne Wasser sein, und ohne feste Nahrung hält es unser Körper etwa drei Wochen aus [22].

Die einzige Anforderung an uns Heutige ist, sich einzulassen auf das verlorene Wissen, um es unserem Erkenntnisbild der Ernährung erweiternd hinzuzufügen. Wir wissen heute nichts mehr von den Mittlern, die von den alten Griechen, Ägyptern, Römern oder den Germanen *Götter* genannt wurden. Später im Christentum vermutete Paulus, sie seien *verkleidete Engel.* Wir können aber wieder verstehen lernen, daß sie es sind, die damals wie heute die Lebenskräfte in den toten Stoff hineintragen, hineinwechseln. Den Ursprung aller Kraft nennen wir in unserem Kulturraum GOTT, den Schöpfer aller Welten, den Erhalter und Ernährer.

Seine Kraft tanken wir täglich. Über eine lange Helferkette in den Stoff gewechselt, müssen wir die geschenkte Lebenskraft im Herstellungsprozeß erhalten und weiterreichen. Dann können wir von einem Lebens-Mittel, das das empfangene Leben vermittelt, sprechen. Die Lebenskraft erkennen wir heute an, indem wir in der Ernährungslehre von unserem Energiestoff – Wechsel sprechen – es gibt kein Leben ohne Energiezufuhr von außen über Luft, Wasser, Pflanze und Tier.

Das wissen wir.

Und wenn wir heute von den vielen verschiedenen Funktionen der Enzyme sprechen, ihre Ordnungsstrukturen erforschen, dann läßt sich ihre Aufgabe als Bauarbeiter der Natur erkennen. Sie verbinden und sie lösen, wie das Enzym Chlorophyll bei der Photosynthese, auf die ich noch zu sprechen komme. Da zeigt sich, wie wir unser Weltbild freiwillig auf den äußeren Stoff begrenzen und den dahinter wirkenden Lebensprozeß (die Kraft) nicht begreifen. An der Sache selbst hat sich bis heute nichts geändert.

◆ Vergeben wir Menschen uns etwas, wenn wir zum Beispiel die im Sauerteig wirkenden Enzyme, die Hefen oder Bakterien, die „Helfer", einmal als ein Entwicklungsresultat der Evolution betrachten und gleichzeitig auch als Mitarbeiter, die mithelfen, die himmlische Kraft ins Irdische einzubinden?

Solange wir mit irdischen Instrumenten messen, wiegen und zählen, finden wir nur den äußeren Stoff, ein Endergebnis des Arbeitsprozesses dieser Mitarbeiter im Unternehmen Natur! In der Ernährung erleben wir das Geschenk als Lebenskraft; Information aus Energie, die in uns überwechselt und so über Atmen, Trinken und Essen den Körper belebt und strukturiert. Das ist das Wissen, welches aus den Mythenbildern zu uns sprechen will. Schaut man auf die neuen Erkenntnisse der Ernährungsforschung, dann bestätigen sich die Mythenbilder in den Zahlen und Tabellen der Forschungsergebnisse.

Wir nennen diese Helfer nur nicht mehr *Erdgötter*.

Unsere Wissenschaftler nennen sie heute *lebende Makromoleküle*, die *Bio-Katalysatoren* in der Natur [22]. Sie verändern den Stoff, ohne sich zu verändern. Es sind dies Enzyme, DNS, RNS, Chlorophyll, Carotin, Bakteriophagen, Hämoglobin. Diese Stoffe steuern die biologischen Stoffwechselschritte nicht chemisch, sondern physikalisch mit ultraschwachem Licht, mit einer elektromagnetischen Kraft, der Photonenresonanz zum Zweck der Informationsübertragung. Das ist ihre Aufgabe.

Das macht sie uns Menschen ähnlich: Wir haben auch die Gabe, den Stoff unserer Umgebung verändern zu können, wie die Enzyme. Leider nicht immer in Resonanz mit dem Licht. So fließt es wie bei einer Symbiose im Miteinander von Hand zu Hand.

In einem kleinen Gedicht von Dessendorfer wird das Thema so erklärt:

„Die Natur ist Gottes Buch,
ist's von Anfang an gewesen,
aber schade ist es nur,
so wenig können drinnen lesen.

Die Griechen damals konnten anscheinend noch in dem Buch der Natur lesen, kannten das Wirkungsfeld der himmlischen und irdischen Helfer.

In verschiedenen Tischgebeten danken wir ihnen; denn
„ ... durch die Danksagung werden alle Dinge wieder in Beziehung gesetzt, werden sie als Eigentum Gottes anerkannt, deklariert und dadurch geheiligt“. [12]

Könnten wir heute noch im Buch der Natur lesen, so wie damals die Bewohner von Atlantis oder die alten Griechen, dann hätten wir vielleicht

Verbindung mit den „Helfern“, wüßten, warum es sie gibt. So haben wir sie aber vergessen. Ein Wissen darüber existiert nicht mehr, es fehlt heute, weshalb Informationsbrocken über sie nur noch im Märchenreich zu finden sind.

Kommen wir zurück zur Demeter, der großen Mitarbeiterin, die von einer himmlischen Ebene aus wirkt. Ihr schreibt man die Vermittlung der Fruchtbarkeit in die tote Erde zu, welcher der Mensch seine Nahrung verdankt. Ihr wird die Segenskraft zugeschrieben, welche die Saat reifen und die Ähren fruchten läßt, die die nützlichen Samen sprossen und die Unnützen verdorren läßt. Sie bringt uns Menschen Heil, jedoch nur in Verbindung mit unserem Wirken.

Auch heute ist es noch ein Mysterium, wie aus einem Getreidekorn, was eigentlich ein Samenkorn ist, mit der Aufgabe, nicht Brot, sondern wieder eine Pflanze zu werden, in einigen Monaten mehr als hundert Körner werden. Das biblische „das Zehnfache sollst du ernten“ hat sich heute verhundertfacht. (Allerdings: das Sechshundertfache, wie Herodot aus der „uralten Zeit“ berichtete, haben wir noch nicht wieder erreicht.)

So lehrte die Göttin von Ackerbau, Getreidebau und Brotbereitung über Triptolemos, den Missionar des Pfluges, die Menschen den Umgang mit der neuen Situation über die Mysterienstätte von Eleusis. Den damaligen Griechen war alles wahr, was Triptolemos' Schau-Fühlen an Wirksamkeiten der Naturkräfte erlebte. Diese Kräfte wurden in Bilder gekleidet, ihr Informationsgehalt in Mysterienspielen, in Einweihungsriten weitergegeben. In hochheiligen Riten lehrte Demeter die Menschen „Geheimbräuche, die nie verletzt und nie erfragt werden dürfen“ [2].

„Aussaat und Ernte sind die Werke der Demeter. Wer zur rechten Zeit pflügt, sät, das heilige Korn der Demeter in Übereinstimmung mit Jahreszeit und Wetter erntet, dem füllt sie die Scheuern.“ [23]

Ein Geheimnis der Demeter ist also ihre Vermittlung, die sich in der Fruchtbarkeit ausdrückt (die Kraft der Reproduktion).

Das ist auch heute noch so.

◆ Achten und beachten wir heute noch ihr geheimnisvolles himmlisches Wirken?

Wir informieren uns über die Aussaat und Ernte beim Landwirtschaftsberater oder durch den Wetterbericht. Wir nehmen heute Kunstdünger, und es wächst doch auch! Oder?

Für ein kurzes irdisches Leben – und das noch in hektischem Wirken, ohne innezuhalten – hört sich das vielleicht logisch an; allerdings ohne Blick zum Himmel, ohne Kenntnis ewiger Gesetze!

Heute erkennen verschiedene neue Wissenschaftszweige räumliche und zeitliche Ordnungsstrukturen in der Natur, wie den Biorhythmus bei Pflanze, Tier und Mensch. Rhythmen, Bewegung oder Frequenzen – gleich, wie man Bewegungen in Raum- und Zeitebenen beschreibt – sind eine wesentliche Sprachform des Lebens; sie wirken als eine dynamische Ordnung in der Regelmäßigkeit, im Zeitablauf, wie bei unserem Herzschlag.

Oder die passende Frucht zur passenden Jahreszeit enthält die Kräfte der Ordnung, des Friedens und der Harmonie und nicht nur einen physikalischen Energiewert. Das ist die Botschaft der Nahrung, so Professor Fritz Albert Popp: *„Ordnung aus Ordnung“* [19].

Ist eine Harmonie gestört, wie der Schlaf- und Wachrhythmus beim Menschen beispielsweise, dann entsteht Launenhaftigkeit, die Disharmonie ausstrahlt. Nicht anders ergeht es uns mit einer Eßkultur, die vom Rhythmus der Hektik geprägt ist.

Ein aktuelles Beispiel kann die Dramatik verdeutlichen, wozu es führt, wenn wir ohne höheres Wissen handeln: Eine der wichtigsten und elementarsten biologischen Eigenschaften des Lebens der Pflanze ist ihre Keimfähigkeit. Ohne sie könnten wir nicht existieren.

Heute haben wir mit unserem technischen Verstand bei der Saatgutzüchtung einen Weg gestaltet, bei dem die Zukunft, also die Fruchtbarkeit, gegen den Ertrag, die Masse gegen die Qualität getauscht wurde. Die Keimfähigkeit, die Reproduktionskraft, die Auferstehungsmöglichkeit wird nicht mehr beachtet.

Das führte weltweit zu wenigen Getreidesorten, die heute kultiviert und angebaut werden; sie sind an zwei Händen abzuzählen. Und es führte zu Pflanzenzüchtungen aus dem Labor, Hybridsorten genannt, die die Natur nicht kennt. Nach sechs bis acht Aussaaten verschwindet die Inzuchtlinie – die von der Natur gewollte Ordnung der Lebensform ist wieder hergestellt.

Um aber die natürliche Artenvielfalt, die biologische Vielfalt zu erhalten, gibt es dankenswerterweise in Deutschland Saatgutinstitute, die Samen aus allen Teilen der Welt wie in einem Museum sammeln, konservieren und erhalten. Ein unerschöpfliches Reservat von genetischen Reserven hat die Natur angelegt, Sicherungskopien für neues Saatgut, wenn die Reproduktionskräfte erlahmen.

Früher lag diese Aufgabe im Arbeitsbereich des Bauern. Fast jede Region, jeder Hof pflegte eigene Getreidesorten. Eine Vielfalt von Mosaiksteinchen ist so aus der Ganzheit hervorgegangen. Das Bauernprivileg der Saatgutzüchtung liegt heute bei wenigen Konzernen. Eine stille Enteignung hat sich hier vollzogen über das Saatgutverkehrsgesetz und die Patentierung von Pflanzen.

Das hat mich im Jahre 1990 veranlaßt, mit dem Bauern Hans Wilhelm Dreschmann aus der Kölner Bucht die Bundesanstalt für Züchtungsforschung an Kulturpflanzen in Braunschweig zu besuchen. Wir wollten prüfen, welche Möglichkeiten wir haben, in den Ernährungskreislauf frische reproduktionsfreudige Gene einzubringen. Wie erfolgreich züchterische Kreativität sein kann, zeigte sich bei der Getreidesorte Schilfroggen. Die Schilfroggenkörner lagen dort, wie im Museum, seit über 40 Jahren. Über mehrere Jahre hat der Bauer diese Körner vermehrt und konnte 1996 über drei Tonnen Schilfroggen ernten, und wir Bäcker konnten daraus Brote backen.

Entstanden ist der Schilfroggen aus einer „Hochzeit“ zwischen unserem Kulturroggen mit einem Wildroggen, den in den 50er Jahren Prof. Dr. Hermann Kuckuck als FAO-Experte im Iran auf einer Sammelexpedition gefunden hatte. Eine Getreidepflanze sowohl mit Eigenschaften für ein reproduzierfreudiges Saatgut als auch mit neuen genetischen Informationen aus der Harmonie der Natur bereichert jetzt den Speisezettel und wird auch von Allergikern gut vertragen. Das kann man von den Hybridsorten nicht unbedingt sagen.

Jahrtausende achtete der Landmann neben dem Ertrag auch auf die Fruchtbarkeit. Denn nur aus der letzten Ernte, von der immer ein Quantum zurückbehalten werden mußte für die nächste Aussaat, konnte die Zukunft gesichert werden. Bei Todesstrafe war es verboten – auch in Hungersnöten oder Kriegszeiten – das Saatgut anzutasten. Es enthält das Leben für die Zukunft in der Kraft der Fruchtbarkeit zu neuem Leben, zu einer neuen Pflanze.

Und eigenes Leben finden wir nur bei Pflanze, Tier und Mensch. Die Erde ist tot, ist blind, sie kann das Leben tragen. Aber zu den wesenhaften Helfern, mit denen schon die Erarier in Atlantis zusammenarbeiteten, mit denen auch die Menschen in der Welt der Griechen oder später die Germanen zusammenwirkten, entwickelte das junge Christentum keine Verbindung. Es gestaltete keine Brücke zum Verstehen dieser Welt, ob nun zu den *himmlischen, olympischen* oder zu den *Erd-Gottheiten.* Sie alle sind Diener in seinem Werk, das wir Schöpfung nennen [24].

Jetzt kennt man nur noch die Engel des einen Gottes, die Diener des Allerhöchsten, obwohl die Hohepriester der Mysterienstätte von Eleusis mit dem Demeterkult über tausend Jahre (700 v.Chr.–400 n.Chr.) eine prägende Funktion ausübten.

Eine friedliche Epoche ohne große Hungersnöte war zu Ende. Dafür spricht auch die Abbildung Demeters auf alten Münzen, geschmückt mit einem Kranz von Gerste.

Dieser Informationskult der Brot- und Unsterblichkeitsgöttin von Eleusis war aber dem sich entfaltenden jungen Christentum ein Greuel. Denn der Mittler der ewigen Seligkeit konnte jetzt natürlich nur Jesus Christus sein:

Christus panis! Christus ist Brot!

So nahm die Vernichtung von Eleusis ihren Lauf. Haß und Verleumdung regierten die Hände, die seine Mauern niederwarfen, statt hinzuhören, was ihre Kultur zu sagen hat. Vielleicht hätte man dann auf dem alten Wissen weiter aufbauen können?

Bemerkenswert ist in der Überlieferung, daß dieses Mysterium ein Getreidemysterium ist: Es handelt von unserem Kulturgut Brot. Was steckt nicht alles an Wissen in unserem täglichen Brot!

„Brot hat Verstand", sagt der Volksmund, und nicht: „Dumm wie Brot", was auch die Hinweise in den Mythen bestätigen.

Es ist zu ahnen: Hier liegt ein Schlüssel zur Beantwortung der Frage, warum der Brotlaib eine Beziehung zu den Kräften in der Luft und im Wasser und zur kosmischen Lichtkraft herstellt, wie es der Mythos überliefert. Das ist die Einzigartigkeit des Lebensmittels Brot: Diese drei

Lebensstoffe sind hier harmonisch vereint als Trinität im Brotlaib, den wir zu uns nehmen können.

So ernährt uns der Himmel über das Brot und dessen Struktur und führt uns zu einem Leben in Frieden.

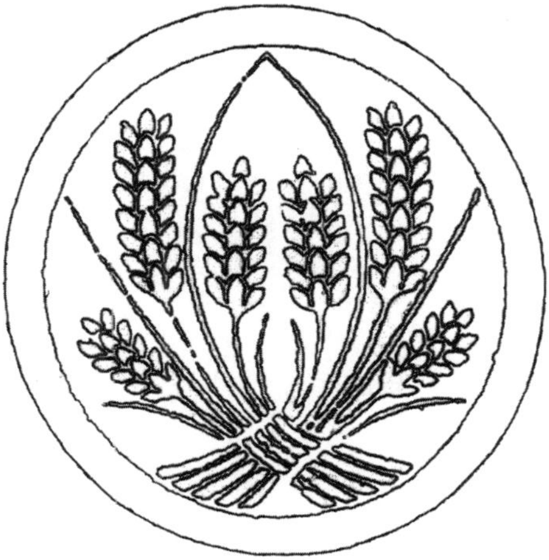

„Nötig sind Brot und Himmel“

(Volksmund)

10. Der Himmel ernährt uns doch! – Auch heute noch?

Wie das Brot auf die Erde kam, erklärten sich die Menschen in der Schweiz im Mittelalter so:

„Es kamen drei Dinge vom Himmel herab,
das erste war die Sonne,
das zweite der Mond,
als drittes das heilige Brot,
es schlug alle Krankheiten tot.“

Natürlich wissen wir heute: Unser Brot kommt aus der Backstube, und das Getreide dazu wächst auf dem Land. Behält man aber diese begrenzte einseitige Blickrichtung auf die „tote“ Erde bei, auf der Pflanzen, Tiere und wir Menschen leben, dann ist es leicht nachvollziehbar, wenn damals, im Zeitalter Goethes, noch davon ausgegangen wurde, daß die Pflanzen, von denen Tier und Mensch leben, ihre organische Masse durch die Humussubstanz des Bodens aufnehmen und bilden.

Im Jahre 1779 machte ein holländischer Arzt, Ingen-Housz, und nach ihm besonders ein Schweizer, De Saussure (1804), eine wichtige Entdekkung [25]:

Wenn eine grüne Pflanze wächst, das zeigten ihre Versuche, so stammt die organische Masse, die sich als Kohlenhydrate wie Zucker, Stärke, Zellulose messen läßt, wie auch die übrigen organischen Verbindungen aus der Luft, und zwar aus dem in der Luft enthaltenen Kohlendioxyd. Der Kohlendioxydgehalt der Luft ist außerordentlich konstant und liegt bei durchschnittlich 0,03 Vol.%. Das sind pro Kubikmeter Luft nur 0,13—0,16 Gramm Kohlenstoff.

Das muß man sich einmal vorstellen: Die Luft liefert die Substanz! Aus der Luft, die wir nicht sehen, aber atmen, als Lufthauch wohl spüren – daraus entsteht Substanz, die wir sehen, anfassen und sogar essen können. Ein Wunder!

Allerdings müssen wir dazu unsere Blickrichtung erweitern, von der Erde aus zum Himmel aufwärts lenken, denn es fehlen noch die genannten anderen Dinge, die vom Himmel kommen, damit Substanz entstehen kann. Es bleibt keine andere Wahl, dieser Substanzwerdeprozeß geht nicht ohne die einströmende Energiestruktur in Form des Sonnenlichts.

Damals, vor etwa dreieinhalb Milliarden Jahren, machte auf der Erde die Natur eine kolossale Erfindung, ohne Labor: Sie fing das Himmelslicht aus der Sonne, das auf die Erde fiel, ein und nutzte die Energie, um ihre Nahrung selbst zu produzieren. Das Leben zapfte die Sonne an. Jeder Baum, jeder Grashalm gehorcht der großen Formel. Seitdem speist das von der Sonne ausgehende Licht auf der Erde alle energieverbrauchenden Prozesse in lebenden Organismen. Hier wird ein Grundthema sichtbar, das mit dem Begriff *Licht* zusammenhängt, mit der: *„Es werde"* - Formel.

Danach ist die Weltformel einfach:

Luft plus Wasser plus Licht ergibt einen Regenbogenschein, der von der grünen Pflanze zu Zucker verdichtet wird. Übrig bleibt der Sauerstoff. Das ist „Das Geheimnis des Lebens" – so beschrieb es ein Journalist im ZEIT - Magazin [26].

Eine hundertjährige Eiche reckt mehr als hunderttausend Blätter in die Sonne. Jedes Blatt besteht aus Tausenden einzelner Zellen. Und in jeder

Zelle sitzen unzählige kleine Kraftwerke, die Chloroplasten. Sie enthalten ein Farbpigment, das Chlorophyll, das den Blättern die grüne Farbe gibt und das vom Licht in kaum meßbare Schwingungen versetzt wird, die biologischen Solarzellen. Und die beiden Rohstoffe der Photosynthese – Wasser und Kohlendioxyd – gibt es auf der Erde in Hülle und Fülle. Das einzige *Abgas* ist der *Sauerstoff.* Es ist bis heute noch keinem Chemiker oder Ingenieur gelungen, aus Kohlensäure und Wasser Stärke herzustellen, so, wie dies ein jedes grüne Blatt Tag für Tag in Gleichmaß und Beständigkeit ausführt – auch nicht im vollkommensten Labor der Welt.

Bei dieser „himmlischen Assimilations-Hochzeit" entsteht aus sechs Molekülen Luft und fünf Molekülen Wasser mit Hilfe von Sonnenenergie ein Molekül Glukose. Übrig bleiben sechs Moleküle Sauerstoff der Luft für uns zum Atmen, das *Abgas* [25].

Der aus dieser Ordnung hervorgegangene erste stoffliche Baustein, ein kleines Assimilations-Stärkekörnchen, enthält eine beträchtliche Menge an Lichtenergie. Trennen sich die Moleküle wieder – wir nennen es Verbrennen –, werden die bei der „Hochzeit" eingebundenen Kalorien wieder frei, und wir messen Energie. Dabei bleibt das Verhältnis von ausgeschiedenem Sauerstoff zu aufgenommenem Kohlendioxyd auf der Erde stets gleich und beträgt eins zu eins.

Wir Menschen sind das letzte Glied in einer langen Evolutionskette. Wir können nicht wie die grünen Pflanzen das Sonnenlicht direkt aufnehmen oder trinken. Wir brauchen diese Transformation der Informationsenergie vom Himmel durch die Pflanzenwelt, die wir als elektrochemische Energie messen können und die in Form von Zucker einlagert wird. Im Verdauungstrakt werden die Verbindungen wieder gelöst, das gesamte Kohlendioxyd der Luft wird über die Lunge, das Wasser über die Haut oder mit dem Urin ausgeschieden. Übrig bleibt in uns die Sonnenenergie, die uns Lebewesen auf bisher nicht vollständig verstandene Weise antreibt, versorgt und auch ordnet.

Ein Wunderwerk der Natur! Bis heute sind wir Menschen noch nicht diesem Geheimnis auf die Spur gekommen. Hinter all diesen Beobachtungen und Erfahrungen steht das gleiche Naturprinzip: das Band, das niemand sieht.

Es ist zum Beispiel eines der größten Wunder der Natur, schreibt Popp:

„...daß die hohen Zellverluste von Lebewesen – im Menschen sterben etwa 10 Millionen Zellen pro Sekunde ab – stets sowohl im korrekten ‚Timing' als auch mit submolekularer Präzision genau ausgeglichen werden, trotz eines Nahrungsangebots, das ungleichmäßig und lükkenhaft fließt. (...) Mit erstaunlicher Genauigkeit versteht es der Organismus, zeitliche Schwankungen im Nahrungsangebot auszugleichen und aus einem Puzzle passender und unpassender Substrate jene auszuwählen oder umzubauen, die er braucht, um jede abgestorbene Zelle so präzise nachzuliefern, daß die vom Menschen geschaffene Technik demgegenüber als Stümperei erscheint.
Diese trotz hoher Zellverluste perfekte Reproduktionsvermögen des menschlichen Organismus verwendet etwa die Hälfte der aufgenommenen Nahrung als Bausubstanz.
Sicher ist nur, daß sich eben diese Fähigkeit auch überfordern lässt, so bei Mangelerkrankungen, die durch längeren Ausfall ‚essentieller' Baustoffe und Hilfsstoffe auftreten.
Weniger gut bekannt sind die Langzeitwirkungen von Überschüssen, zu denen wir täglich in Form von Stärkungsmitteln, Vitaminpräparaten oder ‚natürlichen Zusatzstoffen' in der Nahrung verleitet werden.
Glücklicherweise läßt sich unser Organismus innerhalb eines breiten Toleranzbandes nur schwer irritieren." [19]

Kommen wir zurück zu diesen „Licht-Arbeitern", den grünen Pflanzen. Sie sind autotroph, das heißt selbsternährend. Und zu den grünen Pflanzen, die den Universalbrennstoff *Licht*, den kosmischen Regenbogen einsammeln können, gehört auch das Getreide. Das ist der Rohstoff für unser Brot! Das Besondere am Getreide ist seine Beziehung zu den Rhythmen im Kosmos, zu den Sonnenkräften. Es hat sie sich bis heute bewahrt.

In der atlantischen Zeit war die Milchdurchdrungenheit eine wesentliche Eigenschaft des Getreides. Darin zeigte sich die Beziehung zu den Sonnenkräften, welche die fördernden Ströme des Lichts (im Milchsaft?) weiterleitete und die Menschen ernährt – wie eine Mutter den Säugling mit der Muttermilch.

Unser Organismus braucht für die vielen unentwegt ablaufenden biochemischen Vorgänge in den Körperfunktionen, in den Zellen, ständig Nachschub an hochgeordneter chemisch eingebundener Energie von außen, sprichwörtlich vom Himmel. Und Brot, als einziges nicht von der Natur geschaffenes Lebensmittel, nimmt hierbei eine besondere Vermittlerrolle ein.

Hat der Organismus seinen Nutzen daraus gezogen, sind Körperfunktionen, Wachstum und Umbau sichergestellt, dann erhält er seine Struktur und damit auch seine Lebens-Funktionen.

Nur die Substanz verläßt uns wieder, aber in einem Zustand höchster energetischer Unordnung. Jetzt müssen aber alle lebenden Organismen Nahrungsstoffe hohen Ordnungsgrades zur Erhaltung ihrer Lebensfunktionen aufnehmen. Dadurch erhöht sich die strukturelle Ordnung des Körpers, entsprechend nimmt aber die der Umgebung ab. Ein Vorgang kann nicht unendlich ablaufen, weil irgendwann ein Gleichgewichtszustand erreicht wäre, der den Tod bedeuten würde. Dies kann aber nur in geschlossenen Systemen eintreten. Das Leben entwickelt sich aber im offenen System, so unterscheiden es die Wissenschaftler.

Deshalb ernährt uns der Himmel, auch heute noch, mit den Kräften der Ordnung, des Friedens und der Harmonie! Denn was vom Himmel unablässig herabströmt, nach dem Spruch aus der Schweiz, sind ja drei Dinge: erstens das Sonnenlicht: Es enthält diese Kraft aus dem Ursprung. Und zweitens der Mond: Er spiegelt die Strahlung des Sonnenlichts. Verwandelt erleben wir die gespiegelte Lichtwirkung in der keimenden Kraft, in der Fruchtbarkeit. Und drittens: Im Brot sind diese Strahlen des Himmels mit eingebacken. Bei richtiger natürlicher Zubereitung erreicht das Geschenk auch den Bauch; dort geöffnet, belebt es uns, findet die Verbindung, die Ernährung, die Information statt, die uns gesund erhält – auch heute noch.

So ist Brot ein Lebensmittel, welches Licht überträgt, von dem wir leben. Selbst Funktionen wie die Nerventätigkeit bis hin zum Lernen und Erinnern im Gehirn laufen unter Beteiligung der Lichtreize aus dem Himmel ab – aktivierend wie hemmend *(„Die heilende Kraft des Lichts“, [27])*. Diese Lichtreize speisen uns mit kurzwelligen (hochfrequenten) elektromagnetischen Wellen, die – so drücken es die Wissenschaftler aus – als Folge einer Resonanz, einer Wechselwirkung, die Aufnahme längerer Wellen (Informationen) verbessern [19].

- Ist nicht alles nur eine Frage der Schwingungsmuster?

Wenn wir Menschen kommunizieren, wird die Information als Schallwelle, auch als Radio- oder Fernsehwelle, übertragen.

So nimmt unser Kopf wohl über den Mund täglich den „Ton“ aus dem Bildersaal der Natur im Brot zu sich, aber die Quelle der Offenbarung erschließt sich ihm dort nicht. Erst im Bauch sprudelt die Quelle und schenkt uns die Kraft zum Leben. Es sind die „Bilder im Brot“, sie informieren und ernähren uns aus dem kosmischen Lebensprozeß.

„Die Bilder werden ihm Nahrung. Ißt er sie auf, ißt er sich in den kosmischen Lebensprozeß hinein, nimmt er teil an einer Macht, die in der Natur verborgen ist, die dem Menschen Leben verleiht. Es geht um ein Mitschwingen im großen kosmischen Lebensrhythmus. Wer ißt und trinkt, tut mehr, als er sich selber erklären kann. Er kommt mit Mächten in Berührung, von denen er erkennt, daß sie anders sind als er selbst, eben mit heiligen Mächten.“ [28]

Aber unser Kopf weiß nichts davon. Unser Tag- oder Wachbewußtsein erkennt wohl selbständiges Leben außer sich an, das eigenen Gesetzen gehorcht. Wir kennen die Sprache als Verständigungsmittel, wobei Bilder, mythische Deutungen, Symbolsprache zwar auf einer anderen Wellenlänge schwingen. Sie können aber unsere akustische Sprache ergänzen, denn diese unterliegt einer anderen Logik – ähnlich, wie das eine Wort „Ton“ – als Farb- oder akustischer Ton – von zwei Organen identifiziert werden muß.

So können wir mit gutem Grund Brot auch als ein universelles Symbol ansehen. Dabei entfaltet die innere Wirklichkeit – in den vielfältigen äußeren Gestaltungsformen der Brote – ihren Sinn darin, gegessen zu werden, damit wir leben.

Der Psychoanalytiker Erich Fromm (1900–1980) stellt fest:

„Die Symbolsprache ist eine Sprache, in der innere Erfahrungen, Gefühle und Gedanken so ausgedrückt werden, als ob es sich um sinnliche Wahrnehmungen, um Ereignisse in der Außenwelt handelt. Es ist eine Sprache, die eine andere Logik hat als unsere Alltagssprache, die wir tagsüber sprechen. Die Symbolsprache hat eine Logik, in der nicht Zeit und Raum die dominierenden Katego-

rien sind, sondern Intensität und Assoziation. Es ist die einzige universale Sprache, welche die Menschheit je entwickelt hat und die für alle Kulturen im Verlauf der Geschichte die gleiche ist. Aber der moderne Mensch hat diese Sprache vergessen, nicht wenn er schläft, aber wenn er wach ist. Es ist für uns wichtig, daß wir diese Sprache auch im wachen Zustand verstehen." [28]

Hier stellt sich die Frage:

- Wie lassen sich die „unbegreiflich hohen Werke" mit der Logik der Alltagssprache, aber auch mit der Symbolsprache verständlich machen?

Diese Fragestellung verleitet zu philosophischer wie zu naturwissenschaftlicher Betrachtungsweise. Als Antwort genügte früher die alte Erkenntnisweisheit „wie oben, so unten" oder „im Kleinen das Große erkennen".

- Und wer hat der Sonne das Licht, die Energie gegeben?

Seit der Mensch denken kann, seitdem er die Wahrheit sich selbst erklären will, will er auch wissen, ob die Wirklichkeit von „unten" als Annahme für das „Oben" auch richtig ist. Heute haben die Wissenschaftler auf diese Rätselfrage eine Antwort gefunden, so Andrej Dimitriwitsch Linde, Professor an der kalifornischen Elite-Universität Stanford [20]. Denn die neuen Teleskope können mittlerweile fast bis in die Kindheit unseres Universums schauen, 13 Milliarden Jahre zurück. Wie ein Nachhall des Urknalls wurde die „Kosmische Hintergrundstrahlung" vom Satellit Cobe (Cosmic Background Explorer) vermessen. Die Botschaft der Meßergebnisse lassen auf eine Gesetzmäßigkeit schließen; demnach ist das *„undenkbar große All ein aufgeblasenes Abbild des undenkbar Kleinen"*. Immer mehr Himmelsforscher können sich heute die wundersam erscheinende Entstehung des Universums nur durch einen Weltenlenker erklären. Der Astronom Tamman formulierte: *„Wer klar bei Verstand ist, kann die Möglichkeit eines Schöpfers nicht ernsthaft ausschließen." [20]*

In den mittelalterlichen Überlieferungen wird eine innere Erfahrung geschildert, wie nach der Entstehung des Universums, der Sonne und des Mondes als drittes das Brot vom Himmel herabkam, das als Gabe den Menschen erst außerhalb des Paradieses ernährt.

Und die Apokryphen übermitteln, wie *„Gott dem Adam die Weisheit in sein Herz gab"*, damit aus Ähren Brot wird.

Einleuchtend kann die Beziehung der Getreideentwicklung aus dem Universum auch an den sieben Getreidearten werden, die sich aus einem einheitlichen Bildekräftesystem entwickelt hat – als würden sie die sieben Farben des Regenbogens widerspiegeln: Gerste, Roggen, Weizen, Hafer, Hirse, Mais und Reis.

Mehr Getreidearten schenkte uns Mütterchen Natur nicht. Dabei kann das Umfeld der Natur mit seinen sieben Getreidearten auf die sieben Planeten und sieben Wochentage ausgedehnt werden (Pluto wurde erst 1930 gesichtet, Neptun 1864, Uranus 1781).

Der Ernährungswissenschaftler Udo Renzenbrink hat in seinem Buch *„Die sieben Getreide"* [29] diese Beziehung sehr anschaulich in unserer Alltagssprache dargestellt. Das ist so schön formuliert, daß ich den Text dazu aus diesem Buch wiedergeben und ihn nicht mit meinen Worten nacherzählen will:

„Die Verbindung zu den Wochentagen und zu den Planeten ist als Einheit zu betrachten, denn die Wochentage sind auf die Planeten gestimmt. Zu alten Zeiten, als sich aus weisheitsvoller Einsicht in das geistig geordnete Weltall mit einem geistbewegten Zeitengang die Ordnung der Wochentage ergab, waren die Planeten nur die äußeren Bilder göttlicher Wesen. Jupiter war beispielsweise der Name sowohl für eine erhabene Göttergestalt als auch für einen der sieben Planeten. Zu diesen wurden auch Sonne und Mond gerechnet, denn man ging ja von einem Weltbild aus, wie es die direkte Anschauung ergab. Neptun und Uranus wurden als später hinzugekommene Gäste außerhalb der Siebenfalt betrachtet.

Ist es möglich, jeweils die entsprechenden Getreide einzuordnen? Wenn das gelänge, hätten wir gleichzeitig eine Verbindung zu den Planeten gewonnen. (...) Auch für den Landwirt ist ja die augenblickliche Himmelskonstellation bei Aussaat, Bodenbearbeitung und Ernte allein wesentlich und nicht der Wochentag.

(...)

Der SONNTAG *gehört der Sonne. Sie hält die Mitte im Reigen der Siebenheit. (...) Alle Getreide sind Kinder der Sonne, der Weizen insbesondere. Er ist über die ganze Erde hin verbreitet und verkörpert eine harmonische Mitte. Wie kein anderes Getreide ist ihm das Sonnengold zu eigen. Auch im Menschen ist seine Wirksamkeit gleichmäßig und harmonisch auf alle Organe verteilt, es werden keine Schwerpunkte gesetzt. Wir ordnen daher dem Sonntag und der Sonne den Weizen zu.*

Der MONTAG *mit seinem Gestirn, dem Mond. Der Mond wirkt vorwiegend durch das Element des Wassers, das in seinen Phasen bewegt wird. Die Sonne herrscht als Tagesgestirn, der Mond als Regent der Nacht. Er lenkt unsere Sinne auf das Verborgene, Geheimnisvolle, Unsichtbare. Ihm ist die Passivität, die Hingabe eigen.*

Diese Stimmung lebt noch in hohem Maße im fernen Osten. Der Asiate gönnt sich erheblich mehr Muße als der ewig durch Termine gehetzte Westländer." (Da meint der Autor bestimmt eine frühere Zeit!) *„Das von ihm bevorzugte Getreide aber ist der Reis.*

(...)

Wenn wir Heutigen zum Mars emporsehen oder versuchen, uns in die Stimmung des Dienstag einzuleben, fühlen wir uns aufgerufen, aktiv zu werden, uns mutvoll für das als wahr und gut Erkannte einzusetzen, bei aller Entschiedenheit jedoch die liebevollen Herzenskräfte nicht zu vergessen.

Wenn wir nach dem Getreide fragen, das Kopf und Hand gleichermaßen impulsiert, knüpfen wir am besten bei den Griechen an. Ihr Getreide war die Gerste. Sie erfuhren: Die Gerste ist das Mark der Männer, also die Tatkraft stützend, sie ist aber auch die Speise für den Philosophen, in dem sie die Kopfkräfte aktiviert. Sie ermöglicht es, stark in den Gliedern und wach im Kopf zu sein.

Was am DIENSTAG *noch nicht an alten kriegerischen Marskräften verwandelt werden konnte, bleibt für den* MITTWOCH, *den Tag des Merkur, übrig. Dem kommt diese Aufgabe zu; denn der Gott Merkur ist ja der große Verwandler, zugleich aber auch der Heiler mit dem Merkurstab, der beflügelte, der als Götterbote Himmel und Erde verbindet.*

Es fällt nicht schwer, in der Hirse das passende Getreide für den Merkur zu entdecken. Das Hirsekorn ist ja das kleinste und beweglichste unter den Getreiden. Die Hirse wirkt auf die menschlichen

Organe, die dem Austausch mit der Außenwelt dienen. Das sind die Haut mit ihren Anhangsgebilden und die Sinnesorgane.
Der DONNERSTAG *war dem Göttervater Jupiter geweiht. Er atmet eine großzügige, königliche Stimmung. Und welches Getreide wählen wir für ihn? Den Roggen. Er beeindruckt uns durch seinen hohe kraftvolle Gestalt und Standfestigkeit. Er vermittelt den Menschen Formkraft und Rückgrat. Er stützt die Leber, jenes Organ, das seit altersher der Einflußsphäre Jupiters zugeschrieben wurde.*
Der FREITAG *ist der* Venus *gewidmet. (...) Sie ist die Mutter des Grünenden, Wachsenden, der Vegetation. Hierher gehört der Hafer. Er ist das Getreide mit der stärksten Beziehung zu den aufbauenden Lebenskräften und bleibt auch am längsten grün.*
Der Wochenschluß ist durch den Planeten Saturn, der unserem SAMSTAG *das Gepräge gibt, ernst gestimmt. Das entspricht wenig unserem Bild vom fröhlichen Wochenende, an dem der Mensch sich zerstreuen möchte. Freilich ist es gut, sich vom Alltag zu lösen. Aber wir sollten nicht die Flucht vor uns selber ergreifen, sondern zurückblicken auf die zu Ende gehende Woche und einsammeln, was sie an Ewigkeitswerten gebracht hat. Dabei ist es nicht gut, an Einzelheiten hängenzubleiben. Vielmehr sollten wir versuchen, in Ruhe einen Sinn in den ganzen Zusammenhängen zu entdecken. Das alles braucht einen gewissen Ernst. Ihn kann uns der Mais schenken, das Getreide des Saturns."*

So ernährt uns der Himmel über die Sonne, eingebunden im Lebensmittel Brot, und bringt durch die Wechselwirkung zwischen Planeten und Wochentagen Struktur in unser Leben – durch die Verbindung nicht nur zur Pflanzen- und Tierwelt, sondern auch zu jedem einzelnen Menschen durch seine Geburtsstunde.

Suchen wir weiter nach den Spuren, die sich zwischen Himmel und Erde finden lassen, nachdem die Kultur nach Atlantis überleben durfte.

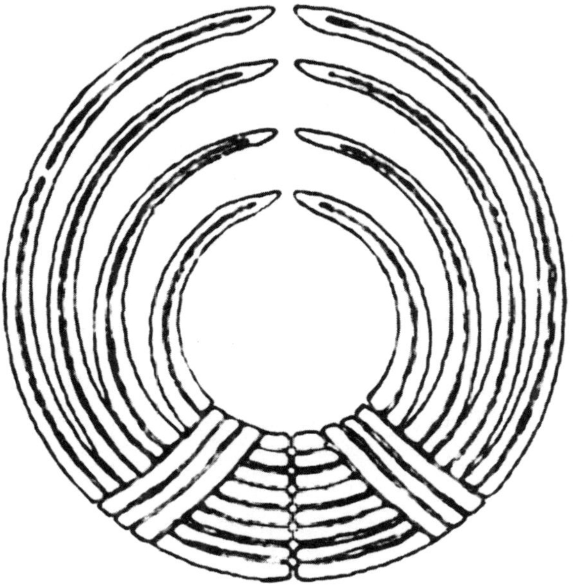

11. Alles ist nach Mass und Zahl geordnet

Auch das Brot hat sein Gewicht

Paracelsus ist der Meinung, zu wenige Menschen erheben ihre Augen zum gestirnten Himmel,

„ ... *aus dem ein ununterbrochener Strom der Erleuchtung fließt“* (auch in die Nahrungspflanzen, auch in den Brotteig), *„die die Menschheit zu neuen Wissenschaften und Künsten führt. Die Musik kommt zum Beispiel von dem Planeten Venus. Wenn sich alle Musiker dem Einfluß ihres Lichtes öffneten, würden sie eine schöne, himmlischere Musik schaffen als die bisherige Musik.“ [30]*

Nicht nur Musiker können himmlische Werke schaffen, die unser Gemüt bewegen; auch wir Bäcker können himmlische Brote backen, die uns über die Kultur des Herstellungsverfahrens dem Einfluß des Lichtes öffnen können.

Renzenbrink hat das Lesen im Buch der Natur für mich sehr anschaulich dargestellt: wie die Entsprechungen des gestirnten Sternenhimmels, dem Strom des höheren Lichtes geöffnet, sich als *„himmlische Musik"* in den sieben Getreidearten im Stoff materialisiert haben.

- Klingen denn diese Schilderungen der Beziehung der sieben Getreidearten zu den sieben irdischen Wochentagen und den sieben Planeten im Himmel nicht zu poetisch, zu symbolisch?
- Wo ist das Faßbare?

Es heißt: „Alles ist nach Zahl und Maß geordnet."

Oder: „Wie oben, so unten und umgekehrt."

So müßte sich heute im irdischen Zeit- und Raumverständnis das oben Gesagte auch für das Auge faßbar gestalten.

- Ist alles nicht nur eine Frage der Zahl, der Schwingungen in der Zeit und der Wellenlänge im Raum?

Täglich erleben wir die Zeit in einem Tag- und Nachtrhythmus. Die Zeit schwingt in der Zahl zwölf. Zwölf Stunden hat der Tag, zwölf Stunden die Nacht, zwölf Monate das Jahr. Das ist bekannt.

Den Raum ergreifen wir mit dem Zehnersystem, mit zehn Fingern und zehn Zehen. Der Meter hat hundert Zentimeter. Ursprünglich war der Meter, zu Griechisch *metron* = Maß, ein bestimmter Teil des Erdumfangs, ein Raummaß.

Seit 1983 bestimmt das Raummaß, der Meter, eine Wellenlänge des orangefarbenen Lichtes. So wird die Genauigkeit wesentlich erhöht. Das Licht wird auch hier im Stoff zum Maß des Raumes – auch für uns Menschen?

Von der Lichtenergie in Form der Kohlenhydrate brauchen wir Menschen täglich etwa 500 g zum Leben! Und im Brot, im Gewicht des Brotes, ist über 50 % gebackenes Sonnenlicht zu finden, das wir als Kohlenhydrate messen: 1 Mol Glukose = 180 g zu CO_2 + H_2O = 675 Kalorien [25]. Das ist die stoffliche Seite. Wenn Brot im traditionellen handwerklichen Verfahren hergestellt wird, trägt es auch noch viel von der eingesammelten „Erleuchtung" aus dem Himmel über die Backstube in den Bauch des Kunden! Ein Geschenk, welches seinen Preis wert ist. So ist es im Buch der Natur zu lesen. Das Sammeln der hohen Werke braucht nur seine Zeit.

Der erste Baustein, wie gesagt, ist ein Zuckermolekül, er wird im Stoffwechsel der Pflanze dann zu vielen weiteren verschiedenen Verbindungen umgebaut wie beispielsweise zu Zellulose, zu Holz. Verbrennen wir das Holz des Stuhls, auf dem Sie vielleicht gerade sitzen, dann erhalten wir wieder Wärmeenergie und Licht – zurück bleibt ein ungestalteter Haufen Asche.

Bei einer hundertjährigen Eiche mit ihren grünen Blättern färben sich im Herbst die Blätter bunt, wie bei einem Regenbogen. Das Licht, der Regenbogenschein, grüßt abschiednehmend und verläßt das Blatt; zurück bleibt mürbes Laub.

Die lebendige wirkende Kraft oder geistige Energie mit ihrer inneren Struktur oder Information hat jetzt den Stoff verlassen und spendet uns dabei wieder Licht und Wärme. Zurück bleibt der unbelebte Stoff, die tote Erde, die das Leben trägt, in unserem Beispiel die Asche oder das Laub. Das Wasser ist dem Blatt entwichen, und der Kohlenstoff ist wieder in der Luft.

Erinnern will ich hier an die Aussage des Physikers und Nobelpreisträgers Feynman, was er alles unter „Licht" versteht, in seiner Lichtskala, von der „Strahlung" bis zur „Welle", von der Wärmewirkung bis hin zur chemischen Wirkung. Sie lassen sich auch durch Zahlen, durch Frequenzen beschreiben.

Dabei erklärt er einschränkend, was für einen Wissenschaftler den Respekt vor der Natur zum Ausdruck bringt:

„Wir müssen uns wohl oder übel damit abfinden, daß sich die Natur in höchst bizarren Verhaltensweisen gefällt: daß sich Wahrscheinlichkeiten erhöhen und aufheben, ...daß sich Licht nicht nur geradlinig ausbreitet, daß sich Photonen schneller und langsamer bewegen, als mit der herkömmlichen Lichtgeschwindigkeit(!)*, daß Elektronen in der Zeit zurück laufen können, daß Photonen in ein Elektron-Paar zerfallen und so fort. Nur so können wir einen Blick hinter die Kulissen werfen und erahnen, was in den meisten Fällen vor sich geht."* [10]

Weiter heißt es dort:

„Die Elektronen wurden bei ihrer Entdeckung 1895 als Teilchen eingestuft, zum einen, weil man sie zählen konnte; zum anderen, weil man sie auf einen Tropfen Öl setzen und ihre elektrische Ladung messen konnte. Daß ihre Bewegung im Draht den elektrischen Strom hervorruft, stellte sich erst nach und nach heraus.

In der ersten Zeit nach der Entdeckung der Elektronen betrachtete man die Atomkerne als eine Art kleine Sonnensysteme, bestehend aus einem schweren Zentrum (dem sogenannten Atomkern) und Elektronen, die es – ähnlich wie die Planeten die Sonne – auf bestimmten ‚Bahnen' umkreisen. Wer sich diese Vorstellung bewahrt hat, lebt, was die Entwicklung der Physik anbetrifft, im Jahre 1910. 1924 *entdeckte Louis De Broglie den wellenartigen Charakter der Elektronen.“*

Zuerst wurden die Elektronen als Teilchen betrachtet, später entdeckte man ihren Wellencharakter, während es beim Licht ungekehrt war. Licht wurde Anfangs als Welle aufgefaßt, erst später kam sein Teilchencharakter zutage.

„In Wirklichkeit verhalten sich beide, Elektron wie Photon, teilweise wie Wellen und teilweise wie Partikel.“

Auch schon Aristoteles kannte die Eigenschaften des Lichts und nannte sie *energeia* und *dynamis.*

Heute fragen und rätseln die Wissenschaftler, warum der Zahl der Teilchen in der Welt keine Grenzen gezogen sind. Je mehr Energie die Forscher in die Materie hineinstecken, desto mehr Teilchen kommen heraus. *„Wozu die Wiederholung von Teilchen mit den gleichen Eigenschaften, aber einer schwereren Masse? Man könnte fast glauben, Gott habe dasselbe Spiel einmal mit einer anderen Masse ausprobieren wollen.“ (Feynman)*

Wie bei einer Russischen Puppe: Eine Puppe steckt in der anderen, und ihre Masse wird immer leichter oder schwerer, je nach der Richtung der Zerlegung oder des Zusammenfügens.

Ein anderer wissenschaftlicher Grundlagenforscher, der unterschiedliche Zweige der Forschung vernetzend betrachtet, ist Professor Fritz-Albert Popp. In seinem Buch *„Die Botschaft der Nahrung“* [19] beschreibt er die Antwort auf eine Frage, der er sich angenommen hat:

◆ Warum sind manche Moleküle – wie das Benzpyren, das im Tabakrauch vorkommt – stark krebserregend, während ein Molekül, welches diesem Molekül chemisch wie ein Zwilling dem anderen gleicht (bis auf die Anordnung eines Benzolrings) völlig harmlos ist?

Er fand dann einen Unterschied: nicht in den chemischen oder physikalischen Eigenschaften, sondern in einer optischen Eigenschaft! Vereinfacht ausgedrückt, absorbiert das Benzpyren den ultravioletten Teil des Sonnenlichts, verfälscht es im Molekül in eine andere Wellenlänge und sendet es zurück. Warum es das macht, ist unbekannt. Ebenso, warum das Benzpyren, das harmlose Molekül, dieses Licht einfach durchläßt, transparent ist. Eine seltsame optische Eigenschaft, die man in der Quantentheorie „Entartung" nennt. Folgenden Anhaltspunkt hat Popp dafür gefunden:

„Im Organismus gibt es einen sogenannten Fotorepair; Fotoreparatur nennt man das. Das funktioniert so: Sie bestrahlen eine Zelle der Zellverbände mit ultraviolettem Licht, um 380 Nanometer (physikalische Einheit—Milliardster Teil) *oder höher; und zerfetzen die* DAN *zu einem solchen Anteil, daß vielleicht noch zwei, drei Prozent davon ungeschädigt bleiben. Wenn Sie dann dieses Molekülgewirr anschließend mit dem gleichen Licht um 380 Nanometer, allerdings mit sehr schwacher Intensität, wieder bestrahlen, dann werden diese Schäden innerhalb eines Tages wieder behoben. Man nennt das Fotoreparatur. Heute weiß man, daß diese Fotoreparatur von der einzelnen Zelle bis zum Menschen in allen Organismen funktioniert. Bis heute kennt man die Mechanismen nicht, man weiß nur, daß es geht.*

Man kennt Patienten, die Xeroderma pigmentosum haben, das ist eine Hautkrebsart, bei der dieses Reparatursystem nicht funktioniert."

Nach diesem Ausflug in die meßbare Welt, in die Welt des Lichts, der Elektronen, Photonen und Teilchen, der Moleküle und ihrer Lebensweise, nach Maß und Zahl geordnet, gehen wir zurück zum Licht in den Lebensmitteln, von dem wir leben und was wir Ernährung nennen.

Jetzt schauen wir aber einmal auf unsere heutige Welt mit dem Motto: immer schneller, höher, weiter: Rationalisierung, Technisierung, Automatisierung – und das im Nahrungsmittelhandwerk oder in der Landwirtschaft. Wer nicht mithält in diesem Programm, wird an den Rand gedrängt. Neue Nahrungsmittelgenerationen drängen auf den Markt; sie beschreibt Richard Fuchs kritisch in seinem Buch *„Functional Food"* [31]:

„Sie erobern Supermärkte und Apotheken, mit leistungssteigernden, heilenden, vorbeugenden oder kosmetischen Effekten.“

Die biologischen Prozesse in der Natur stören sich jedoch nicht daran und wollen sich nicht so recht der Technik unterordnen. Auch heute braucht ein Kind von der Zeugung bis zur Geburt neun Monate. Und in der Backstube brauchen die Mikroorganismen im Sauerteig eine ganze Nacht, um das rohe Mehl zu verdauen, aufzuschließen und Aroma zu bilden, also die Bekömmlichkeit vorzubereiten. Gleichzeitig durchstrahlen harmonische Ordnungskräfte des gestirnten Himmels den Teig.

Nur unsere heutige Einstellung dem Leben gegenüber hat uns auf Erfindungen gebracht, die statt Harmonie Chaos vermitteln:

- Chemische Präparate, die die Natur nicht kennt, verändern die Raumgestalt einer Pflanze, verkürzen den Getreidehalm.
- Es fällt weniger Stroh an.
- Damit verändert sich auch die Verwurzelung im Boden.
- Treibender Kunstdünger reduziert die Entwicklungszeit auf das Jugendalter, in der die Substanz gesammelt wird.
- Die Erfahrung eines reifen Alters fehlt. Das Saatgut selbst sind Inzuchtsorten für hohen Masseertrag, damit viele Menschen satt werden.
- Satt werden sie, aber werden sie auch ernährt? Und was ist mit der Harmonie, eingeprägt in der Stoffzusammensetzung? Sie vermittelt doch eine Lebensqualität der gleichen Art!

In der Backstube bringen uns Bäckern Erfindungen wie der Kunstsauer und andere Maßnahmen eine Hektik, die nicht der Natürlichkeit entspricht. Das alles stört den Rhythmus des Herstellungsprozesses, die Ordnungsstrukturen von Raum und Zeit, auch in Lebensmitteln. Und „Ordnung ist das halbe Leben!“ weiß ein Sprichwort. Da helfen auch keine Gesetze, die Schadstoff- oder Rückstandsgrenzen festlegen.

Wir Menschen verändern heute viele Naturprozesse, auch unseren Lebensrhythmus, ohne die Natur zu befragen. Das war nicht immer so. Es gab Epochen, da orientierte sich der Mensch für sein aufbauendes Handeln nach den vom Himmel vorgegebenen Rhythmen. Eine himmlische Harmonie schwang durch die Lebensgesetze. Das kostet aber seine Zeit.

- Was aber ist Zeit?

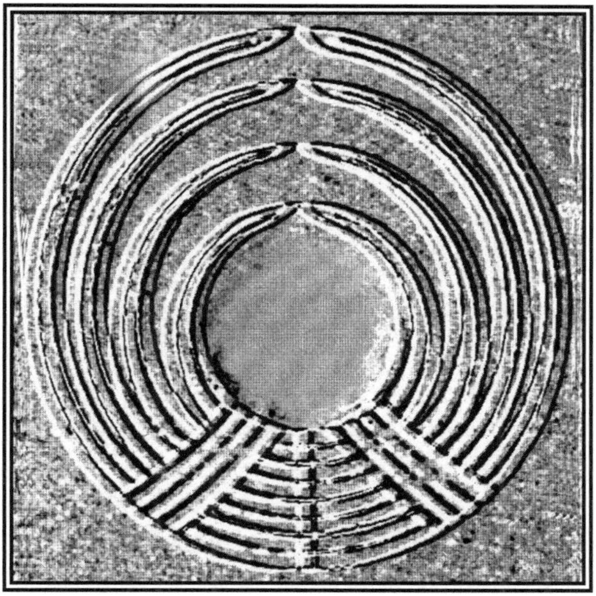

12. Alles hat seine Zeit

– Auch neues Wissen hat seine Zeit!

Was ist Zeit?

Dieser Begriff *Zeit* löst unterschiedliche Reaktionen aus. Viele Menschen haben oft zu wenig davon und sagen:

„Ich habe keine Zeit"

oder:

„Ich habe zuwenig Zeit".

Dies zeigt deutlich, daß mit der Zeit nicht nur eine Erfahrungsdimension gemeint sein kann, sondern auch – im algebraischen Sinne – eine bestimmte Menge davon.

Für den Physiker ist *Zeit* eine grundlegende Dimension mit einer bestimmten Richtung, die nicht umkehrbar ist.

Für einige Weise des Ostens ist sie als solche gar nicht existent, sondern nur eine Art Gegenpol des nicht zeitlich Erfahrbaren.

Erleben wir überhaupt Zeit als Menge, die vergeht, die verrinnt, die läuft, oder liegt es an der Wahrnehmung eines sich wiederholenden Rhythmus, dem wir in einer veränderten Gefühlslage – einer glücklichen oder unglücklichen, harmonischen oder disharmonischen – gegenüberstehen können?

Glückseligkeit ist einfacher zu erlernen, als man glaubt:

Ein Streben nach Harmonie bringt Glückseligkeit, führt zu einem Leben in Liebe.

Das kann auch wissenschaftlich bewiesen werden. Brechen wir einen Streit vom Zaun, werden die Betroffenen bestimmt nicht Glückseligkeit ausstrahlen. Das funktioniert auch umgekehrt: Freundliche, liebevolle Worte fördern eine harmonische Atmosphäre. In der Wissenschaft wird eine Theorie dann als bewiesen angesehen, wenn bei einer Wiederholung des Experiments die Ergebnisse in der Praxis sich gleichen; dies gilt auch hier. Ob Streit oder Harmonie gelebt oder damit experimentiert wird: Die Bilder gleichen sich, auch wenn die Ursachen ganz unterschiedlich sein können. Die Grundstrukturen der Harmonie wie der Disharmonie werden hier für das Auge sichtbar und für die Ohren hörbar.

Jedenfalls findet sich hier ein weiterer Ansatzpunkt, warum Brot uns Frieden bringen kann: Wir brauchen seinen Entstehungsprozeß nur nach den Gesetzen der Harmonie zu gestalten und dem Rhythmus der Natur anzupassen.

Konkret heißt das bei der Herstellung von Brot, verstehen zu lernen, welche Funktion der Himmel für die Teigbereitung und den Sauerteig in diesem Zusammenhang innehat und was seine Lebensmerkmale sind. Hier kommt, neben der richtigen Temperatur des Teigs, der Zeit einer Nacht – als der harmonischen natürlichen Frequenz des Kosmos – eine bedeutende Rolle zu. Dabei arbeiten in diesem Milieu bestimmte Mikroorganismen. Ein Gärungs- und Säuerungsprozeß entsteht, der chemisch wie physikalisch den Teig aufschließt und durchlüftet [32]. Die sich dabei entwickelnden Hefen gehören nicht zu der ortsgebundenen Pflanzenwelt, aber auch noch nicht zu der ortsungebundenen Tierwelt. Diese Mitarbeiter durchdringen den Teig mit einer Lebensqualität, die uns mit harmonischen Kräften nährt und fördert: mit Kräften aus Luft, Wasser und Licht.

So wie im Zusammenleben von Menschen eine harmonische Atmosphäre befruchtend wirkt – oder eine disharmonische zerstörerisch: Beides hat meßbare Auswirkungen auch auf unsere biologischen Helfer in der Backstube. Der Autor des Buches *„Vom Lebendigen in Lebensmitteln“,* Manfred Hoffmann, beschreibt, wie unnatürliche Eingriffe bei Pflanze und Tier Streß verursachen, der elektrochemisch nachgewiesen werden kann [33].

Unsere biologischen Helfer im Teig oder Sauerteig nennen wir Enzyme und Hefen. Sie sind für das menschliche Auge nicht sichtbar, aber am nächsten Morgen sehen, riechen und schmecken wir das Arbeitsresultat.

So unsichtbar wirken auch noch andere Helfer in der Backstube, die ich gerne *Wichtel* nenne. Die alten Griechen hätten sie vielleicht anders genannt. In den Märchen der Gebrüder Grimm heißen sie Wichtel, Zwerge, Heinzelmännchen. Eigentlich sind es wesenhafte Helfer im „Unternehmen Natur“. Mitarbeiter, die mithelfen, nach den bestehenden Naturgesetzen zu vermitteln, verbinden und lösen, was die Welt im Innersten zusammenhält.

Den alten Griechen und vielen anderen Kulturen waren sie auch bekannt. Lange hatte ich gezögert, sie miteinzubeziehen und darüber zu berichten, denn mir ist das Risiko bewußt, mich lächerlich zu machen oder in eine sektenhafte Schublade gesteckt zu werden. Würde ich sie aber verschweigen, dann fehlte ein wichtiges Glied in der Kette der Ganzheit.

Ist es nicht an der Zeit, sich sachlich mit diesem alten Wissen auseinandezusetzen?

Mut, davon zu erzählen, hat mir der amerikanische Physiker und Nobelpreisträger Feynman gemacht. Er beschreibt in seinem Buch „Die seltsame Theorie des Lichts und der Materie“, daß die Natur uns wunderbare Rätsel aufgibt, und *„um die Vorgänge verstehen zu können, mußte man erst einmal den* ‚gesunden Menschenverstand‘ *über Bord werfen.“ [10]*

Dem gesunden Menschenverstand hat er ein Schnippchen geschlagen, eine *„blödsinnig anzuhörende Theorie“* entwickelt und damit die Wechselwirkung zwischen Licht und Materie berechenbar gemacht.

Bis heute hat sich seine „blödsinnig anzuhörende Theorie“ bestätigt und wurde mit einem Nobelpreis geehrt.

So ist es auch hier. Um das Wirken dieser Mitarbeiter, Wesenhafte genannt, in der Backstube zu erfassen, genügt nicht mehr nur der Verstand, hier ist besonders die Empfindung gefragt. Sie kann die Realität innerlich erfassen, die glaubhaft eine Seele zum Verstehen der Bedeutung führt.

Allerdings nicht in dem Sinne, wie es in einem Denkmal über die Heinzelmännchen zu Köln zum Ausdruck kommt. August Kopisch (1799–1853) hat dazu einen Reim geschrieben: *„Die Heinzelmännchen von Köln“* (1848).

Dort heißt es:

„Wie war zu Köln es doch vordem
mit Heinzelmännchen so bequem!
Denn, war man faul – man legte sich
hin auf die Bank und pflegte sich;
da kamen bei Nacht,
ehe man's gedacht,
die Männlein und schwärmten...“

Ein Schneiderweib war sehr neugierig: Sie streute des Nachts Erbsen aus. Als dann die Heinzelmännchen kamen, hinfielen und lärmten, kam sie mit dem Licht, um zu schauen. Doch dann:

„ ... husch husch husch husch!
verschwinden all`.
Oh weh, nun sind sie alle fort,
und keines ist mehr hier am Ort!
Man kann nicht mehr wie sonsten ruhn,
man muß nun alles selber tun!...“

Dieses hier im Gedicht beschriebene Wunschbild, die Helfer würden unsichtbar unsere irdische Arbeit tun, ist natürlich ein Märchen. Doch diese Wesen helfen, nur auf einer anderen, feineren, stofflichen Ebene. Ihr Wirken liegt in der Vermittlung, sie verbinden sich dabei auch mit unserem Tun, mit unserer Arbeit, und tragen so zu deren Gelingen bei.

Am Anfang stand ich diesem Thema auch skeptisch gegenüber. Aber heute sind wesenhafte Helfer für mich kein Märchen mehr. Meinem Drang nach Wissen nachgehend, führte es zu einer neuen Sicht dem Leben gegenüber, welche in der Praxis nach Bestätigung suchte. Dabei kam ich in Kontakt mit einer sehr liebenswerten Frau. Ich hatte das Glück, sie kennenzulernen. Sie besaß als Geschenk die Gabe, ganz natürlich und wachbewußt Kontakt mit diesen Helfern pflegen zu können. Nicht vielen ist dieses Geschenk gegeben, das sie dazu befähigt, es im aufbauenden und helfenden Sinne einzusetzen.

Diese Chance wollte ich nutzen, um praktisch Einblick zu erhalten in die Aufgaben dieser Helfer, dabei ihre Erfahrung zu sammeln und zu sehen, ob wir in der Backstube alles richtig machen, was es zu beachten gibt usw. So ergab sich die Möglichkeit, sozusagen aus erster Hand zu hören, worin ihr Wirken in der Backstube besteht.

Der Anführer, mit vielen Helfern seiner Art bei uns in der Backstube, zeigte sich aufgrund meiner Fragen der bereits erwähnten Frau und freute sich; dann stellte er sich mit Namen vor: *„Markert“* (von markig, Mark der Knochen). Er trug einen braunen Anzug mit kurzen Ärmeln und kurzer Hose, darüber eine Schürze, die aussah wie eine Brotkruste. Seine Füße steckten in weißen abwaschbaren Schnürschuhen ähnlich Turnschuhen, damit die Füße geschützt sind. Auf dem Kopf saß eine weiße Mütze.

Die Frau begann mir zu berichten und auch zu schreiben, was Markert ihr auf mein Fragen hin sagte.

Die Aufgaben dieser Helfer beschrieb sie wie folgt:

„Sie durchströmen den Brotteig mit der Urkraft des Lebens, so würdet ihr sagen.“

Wie muß man sich das vorstellen?

„Wie mit Pfeil und Bogen schießen sie das in den Teig. Wir geben ja auch den Muskeln der Menschen Kraft.“

Und welche Auswirkungen hat das auf die Brotqualität, auf die Gesundheit?

„Es kommt nicht darauf an, was und wieviel man ißt – sondern auf das Richtige. Dies wissen viele Menschen nicht. Die Niere wird zuerst geschädigt, dann das Herz. Viele wissen gar nicht, was es bedeutet, mit Appetit zu essen. Die Menschen essen ja nicht nur die Nahrung, sondern die Strahlung. Wenn ein Mensch sagt, ihm bekommt das Essen nicht, dann hat er die falsche Strahlung gegessen.“

Im Laufe der Jahre 1983/84 bestand der Kontakt zu der Frau. In dieser Zeit war ich mit dem Auf- und Ausbau des Betriebes beschäftigt. Deshalb kommunizierten wir selten per Telefon oder per Brief. Sie schrieb mir aber noch einige Antworten zu meinen praktischen Fragen.

Was ist SAUERTEIG?

Für mich ist Sauerteig ein Aufschließen und Umwandeln der Getreideinhaltsstoffe in Richtung Vorverdauung und leichtere Bekömmlichkeit. Dazu meinte Markert: *„Der Grundgedanke ist richtig."*

Oder:

Ist die Herstellung von Brot mit Sauerteig die beste Art der Herstellung für das Grundnahrungsmittel Brot?

Es gibt die Meinung, Sauerteigbrote übersäuern den Menschen, deshalb soll ungesäuertes Brot gegessen werden.

Dazu meinte Markert:

„Ja, wenn Sauerteig nicht den Vorgeschmack im Brot hat. Wegen der Übersäuerung ist zu bedenken, daß alles, was zuviel gegessen wird, von Übel ist. In richtigem Maße schadet Sauerteig nicht. Es gibt bei den Menschen einige, die Sauerteig nicht mögen und nicht vertragen – wegen einer, ich will mal sagen, gewissen Lahmheit der Drüsen in den Schleimhäuten."

Warum nimmt man ungesäuerte Brote für Rituale?

„Ungesäuerte Brote erzeugen auf dem Gaumen niemals Genußsucht und stören daher nicht die hohe geistige Konzentration."

Bei der Hauptteigbereitung geben wir zum Schluß noch BÄCKERHEFE zu, um die Teiglockerung und die Gärzeit – und damit den Geschmack – besser steuern zu können. WAS MACHTEN ODER NAHMEN DIE RÖMER ODER ÄGYPTER ZUR TEIGLOCKERUNG?

Markert schmunzelte und sagte:

„Zum Schluß Bäckerhefe, das ist genau das Richtige. Anders kann ich nicht raten. Die Hefe fördert die natürliche Verdauung und ist wichtig für die Blutbildung."

Römer nahmen, wie Markert, keine Triebmittel, sondern bliesen während des kräftigen Rührens Luft in den Teig. Markert zeigte der erwähnten Frau einen Mann (Römer), der Brotteig auf einem Brett senkrecht knetete und dabei die Arme mit Teig etwa 50 cm rauf und runter bewegte, wodurch viel Luft in den Teig gelangt. Andere wieder benutzten eine Art Blaseblag und bliesen Luft in den Teig.

Ob der Ofen mit Strom oder mit Holz beheizt wird, darauf kommt es nicht an, *„aber auf die richtige Wärme und Zubereitung der Teige kommt es an. Der Teig darf nicht mehr als 32°C haben."* Den Spiralkneter bei langsamer Gangart empfiehlt er sehr: *„Es ist das Beste, was man dem Teig antun kann, gibt ein prima Gebäck und Brot."* Markert schlägt einen Purzelbaum vor Freude.

In unserem Mühlenraum hinter der Backstube sind mehrere Zentrofan-Mühlen Tag und Nacht im Einsatz. Weil sie sehr schonend ein feines Vollkornmehl mahlen, ist die Stundenleistung nicht sehr groß. Da macht man sich schon mal Gedanken darüber, ob denn alles so richtig ist, wie man es sich ausgedacht und realisiert hat. Dazu meinte Markert:

„Wie die Dinge bei uns sind, sind sie gut und richtig, brauchen wir uns keine Gedanken zu machen; sie fühlen sich wohl."

Und wegen der Mühle, die mit Luft das Korn bewegt:

„... auch kein Unterschied von Mühlensystemen. Die Wissenschaftler rechnen zu hoch."

Zum Frosten von Lebensmitteln befragt, um sie haltbar zu machen, kam die Aussage:

„... nicht über zwölf Stunden gefrostet, da passiert nichts – aber länger verliert es an Nährwert."

Um Natursauerteigbrote herstellen zu können, braucht es Zeit, viel Zeit, die Zeit einer Nacht, also so zehn bis maximal sechzehn Stunden. In der Praxis heißt das, die Menge des Sauerteigansatzes zu einer Zeit zu bestimmen, wo noch nicht klar ist: Wie viele Brote werden am Abend für den nächsten Tag von den Wiederverkäufern bestellt, und kommen wenige oder viele Kunden in den Laden?

Um dem Problem ein Schnippchen zu schlagen, kam mir plötzlich bei der Teigbereitung der Einfall – als ich gerade dem ausgereiften Sauerteig das restliche Mehl und Salz zugab –, einfach das Wasser wegzulassen. Das Knetergebnis war ein ziemlich trockener Streuselteig. Das ganze Gebrösel verteilte ich auf Bleche und steckte es in den fast ausgekühlten Ofen zum Trocknen über Nacht. So hatte ich jetzt immer ein Sauerteig-Fertigmehl, vakuumgelagert, das ich ganz schnell durch Zugabe von Wasser und Hefe zu Sauerteigbroten verarbeiten konnte. Damit waren Verkaufsspitzen und Engpässe schnell auszugleichen. Natürlich befragte ich dazu auch Markert.

„Hat in die Hände geklatscht“, sagte die Frau, und: *„Das Beste, was da in letzter Zeit entwickelt wurde.“*

Gutes Wasser ist zum Backen wichtig. Wir in Düsseldorf haben ein Trinkwasser, das ich direkt so trinken kann. Daher die Frage, was der Martin WASSERWIRBLER uns bringt (ein Wasserhahnvorsatz, der den Wasserstrahl aufdehnt zu einer glockenförmigen Oberfläche, später haben wir noch ein Grander Wassergerät einbauen lassen):

„Ja, das hilft ihnen sehr. Für uns ist es eine große Freude, mit solchen Dingen zu arbeiten. Das verwirbelte Wasser hat ein breiteres, kräftigeres Blau. Es bringt die Strahlung aus dem Wesenhaften“.

Damals gab es noch kein Bio-Prüfzeichen. Daher war es für mich wissenswert zu erfahren, ob mit Hilfe der KIRLIAN-PHOTOGRAPHIE (Hochfrequenzfphotographie) UNTERSCHIEDE IN DER ANBAUMETHODE für Getreide festzustellen sind. Das verneinte er.

„Man kann damit keine Unterschiede der Anbaumethode bei Getreide feststellen, da Getreide immer die gleiche Farbausstrahlung hat, gleich welcher Anbauart. Es ist eine Methode, um die Farbstrahlen (Farben) sichtbar zu machen. Deshalb geht es damit nicht. Die Grundfarbe ist immer die gleiche. Je natürlicher eine Pflanze aufwächst, desto stärker und reiner die Farbausstrahlung. Bei hohen Chemiezugaben (Salz) wird die Farbausstrahlung schwächer, eventuell mit Grau vermischt.“

Welchen Einfluß hat das auf die Ernährung?

„Die Strahlungsverbindung von Mensch zu Korn ist bei natürlich gezogenem Korn besser als bei dem getriebenen.“

Mit der Lupe könnte man das sehen, was durch Salz „gereift“ ist:

„Es ist dünner, länger.“

Es ist auch mit der Hand zu erspüren:

„ ... eine harmonische Ausstrahlung, süß wie eine Birne, während das getriebene eine abgekühlte, herbe Ausstrahlung hat, wie Rhabarber.“

Zum Abschluß unseres Kontaktes zeigte er der Frau ein Bild: wie er knetet!

Inzwischen kneten wir im Jahr 2005, über fünfundzwanzig Jahre. Und die Aussagen von Markert und die der Ernährungsforscher bestätigen sich immer mehr:

Wir leben von der Verbindung zum *Licht!*

13. Was uns im Brote speist –
Kalorien oder Geist?

Nach diesen vorangegangenen Informationen ist es jetzt leichter nachvollziehbar, warum schon die Maßnahmen des Landwirtes sich an die Harmonie der Naturgesetze halten müssen, damit sich die richtige Strahlungsmischung in der Pflanze entwickeln kann. Denn nur dort, wo sich der Landwirt als Mittler versteht und die kosmischen Gesetzmäßigkeiten aufgreift, fühlt sich eine Pflanze wohl, kann sie reifen, sich entwickeln und harmonisch die Strahlungen umwandeln – zu unserem Wohl.

Der Landwirt erzeugt nicht die Früchte, sondern er fördert nur die Rahmenbedingungen, damit die „himmlischen Mitarbeiter" wirtschaften können. Das ist ein Hinhören, welche Hilfen und Pflege sie brauchen. So sind wir alle irgendwo in unserem Wirken Mitarbeiter im Irdischen. Natürlich können wir der Natur unsere eigenwilligen Ideen aufzwingen, nicht mit den Wesenhaften arbeiten. Wir dürfen uns dann nur nicht über die

Folgen wundern und nach Gesetzen verlangen, die den Schaden abwenden sollen. Überall entstehen dann Grenzen und Grenzwerte. Das ist kein Weg zur harmonischen Zusammenarbeit.

◆ Wo bleibt die Freiheit, wo wird die Verantwortung entwickelt, die in uns die Einsicht reifen lässt, Zusammenhänge zu erkennen, die in die Ganzheit der einen Welt münden?

Das ist auch eine Frage unseres Bewußtseins, wie bewußt wir im Leben stehen, aus welcher Blickrichtung, von oben oder unten, wir auf die eine Welt schauen, die unsere Lebensgrundlage ist.

Heute hat der betriebswirtschaftliche Blick des *homo oeconomicus* die Landwirtschaft zur Industriewirtschaft „modernisiert". Ja, das „liebe" Geld, sein Fluch ist uns bis heute erhalten geblieben. Durch diesen wirtschaftlichen Druck sind zwar die Ausgaben für unsere Ernährung immer mehr gesunken, aber gesünder sind wir nicht geworden. Wir werden wohl älter, aber nur, weil wir es uns (noch) leisten können, länger krank zu sein.

Im Jahre 1850 waren etwa 90 % des Familienetats nötig für Lebensmittelausgaben, heute sind es nur noch etwa 15 % [34].

Nur stellt sich dabei die Frage, welche Leistung wir hier mit immer weniger Geld bezahlen!

Oder umgekehrt: Wieviel Qualität kann ich für die Herstellung von Lebensmitteln mit immer weniger Kapital erbringen und erwarten?

Das ist ein Denken ohne Blick auf die Ganzheit. Die Ganzheit unserer Volkswirtschaft hat zwar an den Ausgaben für Ernährung gespart, aber die Ausgaben für unser Gesundheitswesen haben diese Einsparung weit übertroffen. Reicher sind wir nicht geworden, denn wir brauchen jetzt mehr Geld zur Erhaltung der Gesundheit.

Ein Brot, gebacken in Harmonie mit dem Himmel, ernährt uns, beschenkt uns mit der „Urkraft des Lebens", den Kräften der Ordnung, des Friedens. Dann ist Brot ein Lebensmittel, nicht nur ein Nahrungsstoff, und seinen Preis wert.

Das müssen die Zielvorgaben sein: in einem auf Ganzheit ausgerichteten betriebswirtschaftlichen Handeln diese unsichtbaren Himmelskräfte ins Brot mit einzubacken, für eine Zukunft in friedlicher, naturgesetzlicher Harmonie!

Ein Blick, reduziert auf das Jetzt und Heute, ohne den Himmel zu fragen, führt dann zu Ideen mit Problemen, wie wir sie aus allen Lebensbereichen kennen.

Es genügt eben nicht, nur wirtschaftliche Argumente und Gesichtspunkte des Wettbewerbs anzuschauen. Wenn wir den Sinn einer Pflanze dazu nutzen wollen, uns zu ernähren, dann müssen wir auch auf den Zweck des Ganzen schauen, auf den Bauch. Der Mensch soll über die Vermittler aus dem offenen System des Himmels mit hochgeordneter Energie ernährt werden, das ist der Sinn all dieser Maßnahmen, sowohl beim Anbau als auch bei der Weiterverarbeitung. All das hat Einfluß darauf, was im Bauch ankommt – ein Mittel zum Leben oder nur ein Stoff, der den Magen füllt. Aber ein voller Bauch studiert nicht gern!

Heute kennen die Ernährungsforscher die Zusammenhänge und die Ursachen der unterschiedlichen Leistungsfähigkeit wie der Gedächtnisbildung, des Abrufs erlernter Fakten und der Informationsverarbeitung. Konzentrationsfähigkeit und Erinnerungsvermögen werden auch beeinflußt durch die Ernährung, beeinflussen auch das Bewußtsein! Die Ernährungsfachleute raten, etwa ein Drittel des gesamten Energiebedarfs eines Tages über Frühstück und Vollkornbrot zu decken. In der Folge steigt dadurch die vorhandene Menge eines Transmitters im Gehirn, Acetylcholin genannt.

Wie David Benton von der Universität Wales erklärt [35], dürfte der Botenstoff das Erinnerungsvermögen sowie die Gedächtnisleistung beeinflussen. Um Acetylcholin herzustellen, benötigt der Organismus aber die im Getreide enthaltenen gesunden Ordnungskräfte der Lichtenergie. Wichtig ist dies auch für Schulkinder und deren Lernfähigkeit.

In einer dpa-Meldung, veröffentlicht in der Rheinischen Post vom 24.07.2002, heißt es:

„Intelligente Menschen sind nach Erkenntnissen amerikanischer Psychologen auch die gesünderen. – Etwa ein Viertel der Menschen habe Probleme, Gesundheitsinformationen zu verstehen. Betroffen seien nicht nur ältere Menschen oder Patienten mit Sprachproblemen."

Intelligenz, Gesundheit und Ernährung fördern oder hemmen sich demnach gegenseitig [36].

Wir alle kennen doch Situationen, in denen wir auf gute Gedanken gekommen sind, Ideen hatten, die uns weiterführten. Man spricht auch von Lichtblicken, fühlt sich von der Muse geküßt, hat eine geniale Lösung gefunden. Wo kommt das alles her?

Es sind die formbildenden Kräfte der Lichtqualität in der Nahrung, wenn diese im Rhythmus des Himmels wachsen durfte. Nur dann kann unsere Nahrung diese Resonanz in der Wechselwirkung vermitteln zu *„unbegreiflich hohen Werken“*, wenn die Lichtqualität im Herstellungsprozeß erhalten blieb.

Unser Qualitätsbegriff müßte über den rein stofflichen Zusammenhang erweitert werden in Richtung einer Ganzheitlichkeit, einschließlich der zusammenwirkenden Synergien aus vielen Einzelteilen aus Himmel und Erde.

Das Verständnis der Ganzheit beruht hierbei auf der Einsicht, daß es sich nicht um ein Zusammensetzen von Einzelteilen (Buchstaben) oder Teilprozessen handelt. Die Ganzheit entstand nicht aus Teilen, sondern die Teile sind aus der Ganzheit hervorgegangen, ebenso wie das Lebendige nicht aus dem Toten, sondern dieses aus dem Leben entspringt.

Ein Gedicht erschließen wir auch nicht aus der Anzahl und Häufigkeit von Buchstaben, sondern nach dem Inhalt, der Aussage des Ganzen.

Wenn ein Getreidekorn als Ganzheit in den Boden kommt, enthält es das Leben für eine neue Pflanze. Wird das Korn aber sorgfältig im Labor zu Mehl gemahlen, ohne daß ein einziges Molekül verlorengeht, und gibt man das alles in die Erde, dann zerfallen die Moleküle, und es entwickelt sich keine hochstrukturierte Pflanze. Hier fehlt etwas Unerforschbares.

Wir könnten jedoch die Kommunikation darüber, das Band des Verstehens, lernend pflegen, damit Begriffsverwirrungen abgebaut werden.

Heute handelt aber das Individuum Mensch wie eine Tumorzelle. Jeder sieht und kennt nur seinen Teil, die Ganzheit, in der wir doch nur ein Teil sind, gerät aus dem Blickfeld. Die Teile können nicht isoliert vom Sinn und Zweck des Lebens betrachtet werden.

Immer öfter werden deshalb heute ganzheitliche Denkansätze formuliert, und einzelne Menschen, befähigt mit einem starken Willensimpuls, bringen es sogar zum praktischen Handeln, zum Beispiel zu einer Brotkultur. Warum wird dieses Handeln dann aber eingegrenzt im Reservat einer Nische, wie der „Bio"-Nische (und wenn „Bio", dann nur gesetzlich „EG"-kontrolliert!)? Als könnten von Menschen gemachte Gesetze vor Menschen schützen, die sich nicht an die unveränderbare Gesetzmäßigkeit der Natur halten. Der Nitrofenskandal im Frühjahr 2002 zeigte es deutlich. Eine giftige Altlast trifft nicht den Verursacher, sondern die kontrollierten Bio-Erzeugnisse, denen man fälschlicherweise Rückstandsfreiheit unterstellt, in einer Welt voller Schadstoffe und Gentechnik. Aber ohne Gesetze auszukommen, dazu reicht die Vernunft (noch) nicht.

Trotzdem bieten die kontrollierten Bio-Erzeugnisse eine harmonischere Strahlungsmischung an, die uns helfen kann, mit den Umweltbelastungen besser zurechtzukommen.

◆ Wie sollen Menschen, die sich mit billigen oder profanen Lebensmitteln strukturieren, auf solche Zusammenhänge kommen, geschweige denn auf die Idee einer Eßkultur?

In der Wechselwirkung stellen sich erdgebundene Gedanken ein. Nicht Gedanken einer Kultur, die um die Pflege, Ausbildung und Entwicklung der geistigen, seelischen und leiblichen Naturkräfte des Menschen sowie der Pflanze bemüht ist. Heute erleben wir vielfach, wie die Rohheit den Menschen beherrscht statt umgekehrt, indem der Mensch sie beherrscht.

Das ist auch eine Frage der Lernfähigkeit.

In diesem Zusammenhang kommt dem Salz der Erde mit seiner kristallinen Ordnungsstruktur eine bedeutende Rolle zu. Denn die Brotbereitung selbst bedarf des Salzes, damit nicht nur ein gelockerter Brotlaib entstehen kann, sondern das Licht Verbindung erhält. Bekannt ist folgende Tatsache: Wenn ein Stromkreislauf durch destilliertes Wasser unterbrochen wird, also von einem Wasser ohne Mineralien – d.h. ohne Salze –, dann fließt keine Energie, die Glühbirne leuchtet nicht.

Sobald aber ein paar Salzkristalle hineinkommen, lösen sie sich auf, und der Strom, die freie Energie, die Information kann fließen, kann also auch im Brot eingebunden werden.

Das Salz, welches wir der Erde entnehmen, ist ein eigenartiger Kristall. Im Wasser löst er sich völlig auf, nicht jedoch seine Ordnungskräfte: Nach dem Verdunsten des Wassers formt sich der Kristall wieder.

Vor Jahrmillionen entstanden die Salzlagerstätten aus den Urmeeren. Diese Urmeere enthalten die Bausteine der Materie, aus der sich das Leben entwickeln konnte, in Verbindung mit dem Licht. Ein solches Meersalz, bergmännisch abgebaut und gemahlen, ist in seiner Aufgabe nicht zu vergleichen mit dem im Handel zu kaufenden, mit Zusätzen versehenen und gereinigten Kochsalz. Letzteres besteht fast nur noch aus zwei Elementen, dem Natrium und dem Chlorid, wie die Industrie sie benötigt. Nur etwa 5 % des Salzes dienen dem Verzehr [37].

Aber blicken wir weiter, hinauf zum Himmel, von wo aus die Bilde- und Ordnungskräfte herabstrahlen und wo das Leben seinen Ursprung hat.

14. Das Maß der Harmonie

– Auch der Sauerteig braucht seine Zeit!

Was ist ein Sauerteig?

Auch die Grundlage für den Sauerteig muß erst einmal entwickelt werden. Interessant ist: Um das Impfgut für den Sauerteig zu züchten, braucht es auch sieben Tage. Erst dann, am achten Tag, kann auf einer neuen Ebene der Spirale der Weiter- und Aufwärtsentwicklung der Sauerteig für den Hauptteig angesetzt werden.

In einem Schweizer Handbuch der Bäckerei ist ein Rezept zu finden, wie über sieben Tage das Startgut für den Sauerteig gezüchtet und entwickelt werden kann. Das ist die Grundlage, die dann immer wieder Verwendung findet für einen neuen Teigansatz. Aber man muß erst einmal diesen Starter im Rhythmus der Zeit heranreifen lassen.

Alles hat eben seine Zeit...

Mit Hilfe bestimmter Regeln können wir seit Kepler die himmlische Melodie umgerechnet hören – durch Oktavieren. Das Licht der Sonne, ihr energetischer Wert, wird in lebenden Systemen als Mikrowatt in Form einer Zahl erfaßt. Und das erstarrte Endresultat ist eine Substanz, die als Kohlenhydrate zu essen und in der Zutatenliste zu lesen ist. Von dieser Substanz ernähren wir uns.

Jetzt gibt es eine Formel, an welcher Mathematik, die Farben und die Musik gleichen Anteil haben; in welcher es möglich ist, Astronomie, Mathematik und Musik, ja, auch die Farben gleichsam auf einen gemeinsamen Nenner zu bringen: Es ist das Gesetz der Oktave. Oktavieren heißt Verdoppeln oder Halbieren einer sich aus den Raum- und Zeitverhältnissen ergebenden Frequenz, einer Zahl.

Hier, wie in anderen Kulturwerken auch, ist zu erkennen: Harmonie ist ein wesentlicher Schlüssel im Weltgeschehen und damit auch ein Maßstab für unser menschliches Wirken! Markert meinte das auch. Und der Nobelpreisträger Feynman war auch dieser Meinung und machte die Harmonie wie Kepler berechenbar in seiner *„Sprache der Quantenelektrodynamik, die aus einer beschränkten Zahl von Buchstaben besteht..." [10].*

◆ Nach dieser Logik und den Regeln der Keplerschen Gesetze müßten sich die himmlischen Ordnungsstrukturen im Leib des Menschen als Harmoniezahl wiederfinden, da ja der Leib als Mikrokosmos den Makrokosmos widerspiegeln soll!

Analog zu dieser Vorstellung entwickelte sich schon sehr früh die Ansicht einer Verwandtschaft zwischen den sieben Planeten und unseren sieben Organen: Milz – Saturn, Leber – Jupiter, Galle – Mars, Herz – Sonne, Niere – Venus, Lunge – Merkur und Gehirn – Mond [7].

Jedenfalls wollte ich wissen, ob das Gesetz der Harmonie als Maß im Menschenkörper auch heute noch zu finden ist. So bat ich einen Statikingenieur, mir zu helfen und auszurechnen, ob die von Kepler genannte Frequenz der Sonne von 126,22 Hz in Wechselwirkung zu dem Organ steht, welches der Sonne zugeordnet wird, unserem Herzen.

Recht schnell bekam ich Antwort. Er schrieb mir:

„Auf Ihre Anfrage kann ich bisher wie folgt antworten:
Die Sonnentonfrequenz von 126,22 Hz ist die siebente Oktave von 59,16 Herzschlägen pro Minute (1 Hz gleich eine Schwingung pro Sekunde). Rechnerischer Nachweis: $59{,}16 \times 2^7/60 = 126{,}22$ *Hz.*

Demnach scheinen speziell ca. 60 Herzschläge eine Beziehung zu den Sonnenfrequenzen zu haben".

Der Vergleich mit dem „Himmelsbild", den Bildekräften, die der physischen Form Gestalt verleihen, ist hier für mich mathematisch bewiesen und damit die Existenz einer Kraft, die nicht nur unsere Gemüter erregt.

Jetzt, so dachte ich mir, fehlt nur noch eine passende Übersetzung der kosmischen „Lebensbildeprozesse" für das Auge, um unserem Diener diese Wirklichkeit offenzulegen. Denn was ich sehe, verbindet mich mit meiner Seele:

Sie versteht, was ich sehe.

Gedanken haben anscheinend die Tendenz, Wirklichkeit zu werden. Im Weihnachtsurlaub 2001 bat mich eine Stuttgarter Künstlerin, für sie eine Fernsehsendung aufzuzeichnen über eine Ausstellung, an der sie mit ihren Arbeiten beteiligt war. *„Welt im Tropfen"* [38] war der Titel, veranstaltet vom Institut für Statik und Dynamik der Luft- und Raumfahrtkonstruktion der Universität Stuttgart. So lernte ich die Arbeiten dieser Künstlerin kennen. Der Initiator dieser Ausstellung, Professor Bernd-H. Kröplin, hatte nach einer Methode gesucht, um die Einflüsse von schwachen elektromagnetischen Wellen und Feldern auf lebendige Systeme sichtbar zu machen. Dabei traf er auf die Künstlerin Ruth Kübler, die seit den 80er Jahren eine verblüffend einfache Methode entwickelt hat, um Zugang zum Wesen, zum Wesentlichen zu finden. Diese Methode nannte sie:

„Die Bildersprache der Natur".

Das Verfahren beruht auf der Beobachtung, wie zum Beispiel wäßrige Flüssigkeiten auf Glas Spuren hinterlassen. Frau Kübler schrieb mir:

„Alles hinterläßt Spuren im Wasser, und daß darin schon bei geringer Vergrößerung Bilder erscheinen, ist wohl ein neuer Aspekt. Mit einer Einwegspritze wird die Flüssigkeit tropfenweise auf einen gläsernen Objektträger übertragen. Vom Trockenwerden an werden die Tropfen mit Dunkelfeld oder Phasenkontrastkondensor beobachtet und mit einer Spiegelreflexkamera bei nur geringer Vergrößerung (20 bis 200fach) photographiert."

Ich war wie elektrisiert und suchte gleich den Kontakt zu ihr, um zu erfahren, ob sie die „Lichtbilder im Brot", die Ordnungsstrukturen, mit ihrer Tropfenmethode sichtbar machen kann.

◆ Ich war von den Innenbildern überzeugt, aber wie sehen sie aus?

Welch ein Glück, es entwickelte sich ein Päckchenaustausch von Düsseldorf nach Stuttgart. Mit Spannung wartete ich auf Antwort. Es war für uns beide eine riesengroße Freude, in die Bilderwelt des Grundnahrungsmittels Brot Einblick nehmen zu können. Auf dem ersten Bild, welches sie mir schickte, zeigten sich ganz viele strahlende Lichtblitze, wie die kleinen Pusteblumensternchen auf dem Löwenzahn (siehe Kapitel 16). Für mich ist das die eingebundene Lichtenergie im Brot.

Das sind die *„Bilder, die uns Nahrung werden. Essen wir sie auf, nehmen wir teil am kosmischen Lebensprozeß, einer Macht, die in der Natur verborgen ist, die uns Menschen Leben verleiht"* [28]

Diese Bilder gehören in den Bereich der Symbolsprache, von der Erich Fromm schrieb:

„Die Symbolsprache ist die einzige universelle Sprache, welche die Menschheit je entwickelt hat, die für alle Kulturen im Verlauf der Geschichte die gleiche ist. Aber der moderne Mensch hat diese Sprache vergessen, nicht wenn er schläft, aber wenn er wach ist." [28]

Jetzt übe ich diese Sprache auch im wachen Zustand zu verstehen.

Natürlich unterliegt auch die Arbeit eines Bäckers diesen Regeln der Bilder-Symbolsprache. Im Prinzip ist das ganz einfach, normal und nichts Neues. Aber wenn es darum geht, zum Beispiel Zeit und damit Geld zu sparen, dann können auch Bäcker Problemlösungen entwickeln, die losgelöst sind von den Gesetzmäßigkeiten in der Natur, auch losgelöst von den aus dem Himmel einströmenden Bildern: Bildern des Friedens, der Harmonie, des Glücks. Sie sind flüchtig wie der Duft, wie das Aroma.

Der wissenschaftliche Beweis ist leicht zu erbringen. Wie ein Streit von der Seele unharmonisch empfunden wird, so wirkt ein Roggenbrot, hergestellt in direkter Teigführung mit Kunstsauer, also ohne einen milden, über Nacht gereiften Sauerteig, unbekömmlich im Bauch. Wir können heute die Entwicklungsstufe „Sauerteig" wohl mit einem Kunstsauer zeitlich überspringen. Was jedoch im Seelischen eine Lüge ist, wird dann hier im Bauch zur Täuschung. Denn wir haben die natürlichen Zusammenhänge isoliert und dann neu kombiniert, so wie es vom Urbild her nicht vorgesehen ist.

Wenn wir auf den Kreislauf einer Pflanzenentwicklung schauen, vom Keimen, Sprossen, Blühen bis zum Fruchten, so können wir heute die Stufe „Sauerteig", die mit der Stufe „Blühen" im Pflanzenreich Ähnlichkeiten aufweist, mit Kunstsauer zeitlich überspringen. Die Natur kommt nicht auf die Idee, irgendeine Entwicklungsstufe zu überspringen, nur um Zeit zu sparen. Im Gegenteil: Alles hat hier seine Zeit; die Natur kennt kein Geld.

Harmonie in Geschmack, Aroma, Duft und Bekömmlichkeit erreicht man nur mit Natursauerteig. Das kann ein Kunstsauer nicht, er täuscht nur den Geschmack eines Sauerteigbrotes auf der Zunge vor. Aber der Bauch läßt sich auf die Dauer nicht belügen, er verdirbt uns den Appetit. Und unbewußt reagieren wir dann mit Argumenten wie: *„Ach, Sauerteigbrot bekommt mir nicht, davon muß ich immer aufstoßen"*. Von dieser Disharmonie lebt dann bekanntlich die pharmazeutische Industrie. Sie repariert mit ihren Verdauungspillen das Chaos.

Der Ernährungsfachmann Udo Pollmer erklärt dazu in seinem Buch *„Prost Mahlzeit, krank durch gesunde Ernährung"* zu Kunstsauer im Gegensatz zu Natursauer folgendes:

„Solches Brot mit ‚Kunstsauer' ist schwerer zu verdauen, und der Körper merkt dies über kurz oder lang und reagiert mit Konsumverzicht." [39]

Was merkt denn da der Körper? Die Verdauung ist doch von unserem Tagesbewußtsein nicht wahrnehmbar!

Markert erklärte es so:

„Die Menschen essen ja nicht nur die Nahrung, sondern die Strahlung. Wenn ein Mensch sagt, ihm bekommt das Essen nicht, dann hat er die falsche Strahlung gegessen."

Die Strahlungsbilder von einem mit Kunstsauer hergestellten Brot können sich zum Menschen dann nicht harmonisch verbinden und verursachen Bauchschmerzen.

Demnach nehmen wir doch etwas wahr: Wir haben auch im Bauch, in der Verdauung, eine Wahrnehmung, nur unbewußter, dem Bewußtsein im Schlaf ähnlich. Deshalb hören Sie auf ihren Appetit, denn mit Appetit zu essen ist eine Freude, und mit Freude zu essen wirkt auf die Bekömmlichkeit und die Stimmung. Voltaire, ein französischer Philosoph, meinte: *„Glück wird vom Magen hervorgerufen."*

In unserem Verdauungssystem befinden sich auch Nervenzellen, die wie die Nervenzellen im Gehirn Informationen wahrnehmen, speichern und wieder abrufen können. Man spricht von einem „Bauchgehirn", welches über eine „Standleitung" mit dem Kopf verbunden ist. So wird erklärbar, wie seelische Streßerlebnisse zu Durchfall oder Erbrechen führen können. Andererseits können wir manche Entscheidung aus dem Bauch heraus fällen, ohne den Kopf zu befragen, denn der Magen ist dasjenige Organ, welches nahe am Herzen liegt. Und was uns am Herzen liegt, ist nicht immer mit dem Verstand zu erklären.

Dann kennen wir noch aus der Geschichte Beispiele, wie sich über den Magen Macht auf das Volk ausüben läßt. Rom hat es uns mit „Brot und Spiele" vorgemacht.

So werden wir nicht nur über die Substanzen ernährt, sondern auch durch die in der Substanz enthaltene arteigene formgebende Ordnungsstruktur, das Konzert der Natur. Das ist natürlich ein Wissen, welches erst langsam von der Ernährungswissenschaft aufgegriffen wird. Denn es ist einfacher, den materialisierten Endzustand der Lebensprozesse zu messen, also die Substanzen, welche auf der Zutatenliste stehen – wie Kohlenhydrate, Eiweiße oder Fette, Vitamine, Spurenelemente, Mineralstoffe. Aber die Zutat „Leben", sie war vorher im Naturprozeß eingebunden im Prozeßgeschehen, im Wechsel der Stoffe, im Lösen, im Sich-neu-Verbinden und wieder im Lösen.

Hier ist die Aufgabe des Bäckers zu sehen: Wir müssen diese „Lebensbilder" mit ihrer hochgeordneten Struktur im Herstellungsprozeß erhalten und unverändert weiterreichen. Wenn man sie sehen könnte – es würde kein „fast food" mehr geben!

In den neuen Ernährungslehren wird deshalb empfohlen, die kalorische durch eine elektrochemische bzw. elektromechanische Ernährungslehre zu ergänzen. Dann erst werden Zusammenhänge zwischen Lebenskraft und Nahrungsstoff im ganzheitlichen Sinne berechenbar.

Ergänzend wäre hier die Frage nach den Auswirkungen der Gentechnik auf Pflanzen und Nahrungsmittel zu stellen. In dem Buch von Ursel Fuchs, *„Die Genomfalle"*, werden die Fragwürdigkeiten beim Namen genannt. Was ist mit der Harmonie in einem Konzert, einem Lied, wenn die einzelnen Noten ausgetauscht werden? [40]

Vor knapp vierhundert Jahren schrieb Johannes Kepler in seinem Werk *„Weltharmonik"*:

> *„So findet der Geist Ordnung und Proportion in den Tönen und Strahlen (...), daß aber diese Proportion harmonisch ist, bewirkt die Seele durch Vergleichung mit ihrem Urbild.* (So vergleicht auch unser Bauch das, was wir ihm über dem Munde zuführen, mit dem Urbild.) *Die Proportion könnte nicht harmonisch genannt werden, sie besäße keinerlei Kraft, die Gemüter zu erregen, wenn dieses Urbild nicht wäre. Jenen wahren Harmonie-Gesetzen, die seit dem Urbeginn der Schöpfung walten, erkennend nachzuspüren und sie der Mitwelt zu verdeutlichen ..." [30].*

So, wie Ordnung und Proportion des Urbildes von der Seele als wahr erkannt werden, weil sie das Gemüt ansprechen, so sind auch in der Herstellung die in der Natur waltenden harmonischen Gesetze erkennend aufzugreifen. Denn auch unsere Lebensmittel unterliegen der „Weltharmonik".

Offenbar ernähren wir Menschen uns von dieser Harmonie, vom Busen der Natur, von dem „Himmel, den wir aßen, ach! vergaßen" und nicht aus dem Supermarkt oder von den im Labor entwickelten neuen Stoffverbindungen, die nicht immer dem Urbild gleichen! [41]

Das mag sich komisch anhören und vielleicht dumm erscheinen, wenn man es nicht anders kennt. Aus meiner Kindheit fällt mir dazu ein Erlebnis ein, welches wir gern und überheblich weitererzählten. Wir erlebten damals die Besetzung Deutschlands durch die Russen.

Was erzählt man sich da nicht alles über sie und ihre Einfältigkeit. Eine Geschichte ist mir noch in Erinnerung geblieben. Ein Russe findet einen Wasserhahn, haut ihn in die Wand und dreht den Hahn auf. Kein Wasser fließt. Er ist verblüfft und schreit dann wütend:

„Sabotage, Sabotage!"

Wir meinen heute, wenn ein Samenkorn in die Erde kommt, muß es mehrfach Frucht bringen.

- Und was ist mit der Lebendigkeit des Bodens?
- Was ist mit der Beziehung der Pflanze zum Kosmos, zum Himmel?
- Was ist mit den in der Zeit von Jahrmillionen gesammelten Erfahrungen einer Pflanze, die wir heute zum Teil schon entschlüsselt haben und in der Erbsubstanz lesen können? Sie sind in den Genen gespeichert und in der Raumform einer Spirale aufgereiht.

Nur weil wir die Buchstabenkombinationen jetzt kennen (den Wasserhahn), haben wir doch noch nicht das Wissen des Autors (das Wasser).

Nach dem Rückblick in die uralte Zeit, die unserem Denken entschwunden ist, und dem Blick in die alte Zeit kann der Blick nun weiter schweifen, dorthin, wo die neue Zeitrechnung beginnt.

15. Licht regiert die Welt!

In der Genesis (1. Buch Mose, Kap. 1, Vers 16) steht dazu folgendes:

Und Gott machte zwei große Lichter:
Ein großes Licht, das den Tag regiere,
und ein kleines Licht, das die Nacht regiere,
dazu auch die Sterne.

Mit welchem Konzept, zu welchen Zielen regiert das Licht die Welt? – so ist man versucht zu fragen. Bezeichnend ist bei dieser Überlieferung die Aussage: „Lichter" regieren den Tag und die Nacht, die Sonne, den Mond und die Sterne!

Nun läßt sich Regieren auch mit Informieren durch Ordnungsstrukturen umschreiben. Das wissen wir heute und nutzen es auch, indem wir hohe Informationsmengen mit Laserlicht in Lichtgeschwindigkeit transportieren.

Eine solche „Licht-Regierung“ kann man aus zwei Perspektiven betrachten: einmal von hier unten aus nach oben gesehen, mit unseren Erdenaugen und Erdeninstrumenten, oder von oben, aus den übermittelten Informationen über den Ursprung allen Lebens.

Geht es um Wissen für uns Menschen über Dinge, zu denen wir keinen Zugang haben, dann wurden sie irgendwann einmal übermittelt und später auch aufgeschrieben. Rückfragen sind heute nicht mehr möglich. Hier sind wir entweder auf menschliche Interpretationen angewiesen, oder wir nehmen die übermittelten Informationen einfach wörtlich und prüfen deren Aussagen.

Wenn sich dabei beide Sichtweisen ähneln – die übermittelten Informationen von „oben“ und die irdischen Gegebenheiten, wie wir sie im Buch der Natur vorfinden –, dann hätten wir doch das, was unser Kopf akzeptieren kann: wie oben, so unten.

Wir hätten dann einen weiteren äußeren Beweis für die verborgenen inneren Wirklichkeiten für unsere begrenzten Sinne nachvollziehbar gemacht.

Eine Erklärung zu Ursprung und Anfang allen Lebens empfing Moses. Sie ist im Alten Testament überliefert. Bis heute hat das Wissenschaftsweltbild auch noch keine andere Erklärung:

> *„Im Anfang schuf Gott die Himmel und die Erde. Und die Erde war wüst und leer, und Finsternis war über der Tiefe; und der Geist Gottes schwebte über den Wassern. Und Gott sprach: Es werde Licht! Und es ward Licht. Und Gott sah das Licht, daß es gut war; und Gott schied das Licht von der Finsternis...“ (1. Buch Mose 1, 1–5)*.*

Etwa eintausend Jahre nach Moses wird diese Information uns noch einmal übermittelt, allerdings mit einer Ergänzung. Und so steht sie im Neuen Testament, im Johannesevangelium:

> *„Im Anfang war das Wort, und das Wort war bei Gott, und das Wort war Gott. Dieses war im Anfang bei Gott. Alles ward durch dasselbe, und ohne dasselbe ward auch nicht eines, das geworden ist. In ihm war Leben, und das Leben war das Licht der Menschen.“ (Joh.*I*, 1–4)*

Jetzt heißt es aber einschränkend, fast urteilend weiter bei Johannes:

*1. Buch Mose 1,1—5: zitiert nach der Elberfelder Übersetzung

„Und das Licht scheint in der Finsternis, und die Finsternis hat es nicht erfaßt.“ (Joh.I, 5)

◆ Was hat der Mensch, aus dem Paradies kommend, in der Finsternis seines Leibes nicht erfaßt oder begriffen?

Nach dieser Information würden wir nicht begreifen, wie aus dem Wort „Licht“ das Leben entstanden ist, was Leben ist und was es bis heute erhält.

◆ Wie sehen wir das heute, nach zweitausend Jahren weiterer Entwicklung?

◆ Wie erklären wir uns das Wort?

Schaut man im Buch der Wörter, im Lexikon (Meyers) nach, finden wir folgende Erklärung für *Wort*:

„...kleinste selbständige Einheit mit einer Funktion, mit einer Bedeutung und mit innerer Struktur“ [15].

Eine bemerkenswerte Definition!

Demnach ist das Menschen-Wort für uns auch eine *Einheit*, wie die Eins, das Erste, der Ursprung, mit einer *Funktion*!

In dem Wort „Licht“ lassen sich alle *Funktion*en erkennen: das im Auftrag regierende Licht hat für uns einmal die *Bedeutung*, Leben zu ermöglichen: Es bildet die Vorraussetzung dafür, daß sich Leben entwickeln kann.

Wie die verschiedenen Quellen heute erklären, hat das Sonnenlicht eine hochgeordnete Informations-*Struktur* [42]. Das wäre ein Erklärungsangebot dafür, wie das Licht als Schöpfungswort damals Himmel und Erde in Form gebracht haben kann. Seitdem regiert es die ganze Welt, wie heute berechenbar und wie schon vor etwa dreitausend Jahren von Moses übermittelt. Darüber hinaus versorgt das Sonnenlicht seit ewigen Zeiten alle energieverbrauchenden Prozesse im Himmel und auf der Erde.

Im Brot ist alles mit eingebacken: die meßbare Energie und – bei einem Herstellungsverfahren in Resonanz mit dem Himmel – das innere Harmoniebild.

Eine solche Produktidee ist nicht zu verbessern und ist auch bis heute durch keine Entwicklung aus den Köpfen von Menschen ersetzt worden.

Zurück zum Wort auf Erden. Worte zu bilden, also zu sprechen, die Sprache, ist nur den Menschen eigen und muß übend erlernt werden. Denn wie zum Beispiel die alten Schriften überliefern, lebten die ersten Menschen in einem Leib wie dem der Tiere. Das erforderte – wie heute bekannt und erforscht – im Lauf der Evolution auch eine Umgestaltung von Mund und Rachenraum. Seitdem können wir mit den Stimmbändern Worte mit Hilfe der Luft als Schallwellen vorbeigleiten lassen. Was vorher von uns gedacht worden ist, formt mit seinem Inhalt die Struktur einer Welle. Andere Menschen können diese Welle über das Ohr aufnehmen, wobei dann die Hörzellen die Information in Energiestrukturen umwandeln. Jetzt erst können die Hörnerven die Information in der Energie übernehmen und an das Gehirn weiterleiten. So lassen sich Gedanken, Ideen, Informationen anderer mitfühlen, so werden wir vielleicht vom Inhalt berührt und zum Nachdenken angeregt. Das Sprechen wie auch die Klangbilder der Musik verbinden uns Menschen untereinander.

Tomatis schreibt in seinem Werk darüber folgendes:

„Durch die Schwingungen, die die Sprache in der umgebenden Luft erzeugt, wird sie eine Art unsichtbares Organ, mit dem wir, in jedem Sinne des Wortes, denjenigen, der uns zuhört, berühren *können." [8]*

Schon das Kind im Mutterleib hört die Mutter sprechen, durch das Fruchtwasser filtriert. So entdeckt und erlebt es die seelische Klangwelt im Leib. Tomatis entdeckte diese Bedeutung unserer gesprochenen Worte, die das Kind durch das Fruchtwasser aufnimmt, als Grundlage für die spätere Struktur des Sprechens.

Das Sprechen, der Wunsch nach Kommunikation, ist für Tomatis die symbolische Nabelschnur. Wie die symbolische Nabelschnur zur Mutter, so bewirkt die innewohnende Sehnsucht im Menschen die Rückverbindung, lateinisch *religare*, weckt Erinnerungen auf der Suche nach dem Paradies. Tomatis erklärt weiter:

„Mit anderen Worten, um geradewegs auf mein Ziel zuzusteuern und den Leser zum Nachdenken anzuregen, möchte ich ganz klar festhalten, daß es nur Gott ist, der spricht und es den Menschen gibt, damit er diese Botschaft – sehr ungeschickt, das sei zugegeben – in die menschliche Sprache übersetzt."

Tierforschern ist bekannt: Wenn Eier von Singvögeln durch Nicht-Singvögel ausgebrütet werden, können diese Vögel nicht singen. [8]

Als ich anfing, darüber nachzudenken, berührte mich das Phänomen, wie die Bilder sich doch gleichen:

Ein heranwachsendes Menschenkind entwickelt sich, beschützt im Fruchtwasser, und wird im Mutterleib ernährt. Bei einem bestimmten Reifegrad kommt es nach diesem „paradiesischen Zustand" in eine andere Welt – wie damals Adam und Eva? Hier umgibt uns Menschen jetzt der Leib von Mutter Natur. Von ihrem „Fruchtwasser" werden wir ernährt, können wir das Schöpfungswort mitfühlend erleben und, durch die Harmoniesprache der Naturgesetze „filtriert", nach-denken.

So muß damals die Gabe übermittelt worden sein, wie aus Ähren Brot wird. Unsichtbar berührt und ernährt uns das *Wort* noch heute und reicht seine hochgeordnete Informationsstruktur – das Konzert der Natur – über die Früchte, auch über einen Lebens-Vermittler wie das Brot, weiter, wenn wir seine hochgeordnete Informationsstruktur nicht eigenwillig verändern.

Im Unterschied zum Ernährtwerden im Paradies oder im Mutterleib, was einem unbewußten Sein entspricht, dürfen wir pflügenden, säenden und brotbereitenden Menschen bewußt nach den Naturgesetzen mitwirken. Denn hier im Naturleib, in ihrem „Fruchtwasser", wächst das Brot für uns nicht von alleine auf oder unter der Erde oder auf dem Baum, schwimmt es nicht im Wasser wie die Fische oder läuft im Wald. Alle diese Gaben sind Geschenke der Natur und dienen als fertige Speise auch den „wilden und zahmen Tieren" – so steht es in den Apokryphen.

Noch heute ist es so:

Um Brot zu haben, bedarf es unserer Mitarbeit, was in der Wechselwirkung ein individuelles Bewußtsein fördert, welches erst Leben wahrnehmen kann. Darin liegt ein Sinn der Arbeit, die nur im Menschenreich zu finden ist.

Alle diese von der Natur hervorgebrachten Geschenke sind also fertig, wie Früchte, Fische, Tiere. Für den Menschen bedürfen sie, um als Nahrungsmittel genutzt zu werden, zwar noch zum größten Teil einer

Zubereitung durch die Hand wie das Kochen, Braten, Marinieren, Säuern. Wir kennen noch die Weiterverarbeitung von Milch zu Butter, Quark oder Käse. Sie dienen aber als Brotbelag, eine Speise, die die Tiere auch nicht kennen. Nur hier macht das „Lebenslicht", gesammelt von der Pflanze, einen Umweg über das Tierreich, ist davon geprägt und in seiner Struktur verändert.

Bei unserer Brotfrucht ist es anders. Den Brotlaib finden wir nicht in der Natur, nur die sieben Getreidearten mit ihrer direkten Beziehung zur Sonne und den Sternen, die dem Licht beim Regieren helfen.

Das ist auch heute noch so.

Die brotbereitenden Menschen nennen wir heute Bäckerinnen und Bäcker.

Was für eine wichtige Lebensaufgabe, das tägliche Brot zu backen! Als „wissender" Bäcker nicht nur Mitarbeiter des Chefs, sondern auch Mitarbeiter himmlischer Mächte zu sein bei der Entstehung einer von Bäckerhand geschaffenen Frucht, dem Himmelsbrot, mitzuwirken!

Die beim Mitwirken vollbrachte praktische Arbeit bringt Erleben, vermittelt Erfahrung. All diese Erfahrungen sind irgendwann einmal aufgeschrieben worden und lassen noch heute den Ursprung des Wissens erkennen, der in Harmonie mit dem Arbeitsstil der Natur schwingt.

Vergleicht man den Entstehungsprozeß der Früchte in der Natur mit dem Herstellungsprozeß der von Menschenhand geschaffenen Frucht, dem Brot, so finden sich dazu viele Parallelen.

Wie in der Natur ein Baum blüht oder die Blumen auf der Wiese, so „blüht" in der Backstube der Sauerteig. Aus den Blüten der Pflanzen entwickeln sich die Früchte durch Ansammeln der Substanz im Photosynthese-Prozeß. Da wirken die lebenden Makromoleküle, die Mitarbeiter in der Natur – sie gestalten hier nach ewigen Gesetzen die individuelle Frucht.

In der Backstube ist es die Aufgabe von uns Bäckern, die Substanzen, die Zutaten für den Teig zusammenzutragen, damit jetzt andere Helfer den Teig aufgehen lassen. Wir nennen sie Enzyme, Hefen. Nicht zu vergessen sind für mich auch die wichtigen Helfer, die den Brotteig mit der „Urkraft des Lebens" verbinden, wie es Markert übermittelte. Dann braucht es wieder die Mitarbeit des Bäckers, es erfolgt das Abwiegen, Teilen des Teigs, und von Hand geformt kommt die individuell gestaltete Frucht, der rohe Laib in den Backofen.

Hier im Ofen begegnen wir wieder dem Licht der Sonne. Mit ihrer umgewandelten Energie, ob nun als Holz, Kohle, Öl oder daraus hergestelltem Strom, beheizen wir den Ofen. Im Feuer des Lichts, in der Backkammer, reift der rohe Brotlaib, bekommt Farbe, Duft und Aroma, wird bekömmlich, wie die reifen Früchte auf dem Baum.

Das Ergebnis dieses Entstehungsprozesses ist auch eine Frucht, eine „Bäckerblume aus der Backstube“, von und für uns Menschen, darinnen mit eingebacken die Lebenskraft, damit in der Wechselwirkung unser „inneres Geistlicht“ im Leib selbstbewußt erblüht ...

Dazu dient das Brot!

Das ist ein Brot aus der Sicht von „oben“. Deshalb dient Brot als Symbol auch als geistige Nahrung, als „Heiliges Brot“, eben als das „Brot des Lebens“.

◆ Wie erklären wir Menschen uns jetzt aus leiblicher Sicht das Lebensmittel Brot?

◆ Welche Bedeutung hat das Brot hier in der Welt, wo die zwei Lichter mit den Sternen „im Auftrag“ regieren und wo der menschliche Wille die Wahrheit selbst finden will?

Wir begreifen heute das Sonnenlicht auch als Lebensspender. Nur haben wir dabei vergessen, wer dieses große Licht gemacht hat. Aber das ist ein anderes Thema.

Wir erkennen heute die Gesetzmäßigkeiten der Natur an, arbeiten mit ihnen, können sogar nach der Aussage des Physikers und Nobelpreisträgers Feynman [10] den „Geist und Charakter des Lichts“ verstehen: in einer Lichtskala, von der „Strahlung“ bis zur „Welle“, die sich auch durch Zahlen, durch Frequenzen beschreiben lassen.

Die Physiker zum Beispiel machen die *Funktion* des Wortes „Licht“ auf Erden meßbar. Sie erklären das so:

Licht ist Strahlung – und Strahlung wird als gerichteter Transport von Energie bezeichnet. Und Energie wird als wirkende Kraft definiert.

Mit Hilfe der Chemie können wir heute sogar die *Bedeutung* und *Struktur* des Wortes „Licht“ erklären, denn Licht ist auch eßbar: Licht ist

Energie, die zu Pflanzensubstanz wird (Photosynthese) und – zurückgewandelt – wieder Energie spendet. Heute wissen wir:

Kein Leben ohne Licht!

◆ Nichts anderes enthalten doch die übermittelten Informationen von Moses oder Johannes. Wo liegt das Problem?

◆ Damals hieß es, wir begreifen es nicht. Aber heute?

◆ Bei all den Fakten? Ist das Suchen nach Verbindung, nach Teilnahme, nach Antworten, alles vergessen?

Es gibt ein Buch, welches die Schöpfung und den Schöpfer erklärt und neues Wissen zu diesem Thema vermitteln will: *„Gralsbotschaft ›Im Lichte der Wahrheit‹“* von Abd-ru-shin [24].

In diesem Buch werden Gerechtigkeit und Liebe des Schöpfers anhand einfacher natürlicher Gesetzmäßigkeiten beschrieben. Der Autor zeigt die Stellung des Menschen, seine Aufgabe und den Weg, wie er sie erfüllen kann auf dem Weg zu Frieden, Glück und Harmonie in der neuen Zeit. Es richtet sich an Einzelmenschen, die Sehnsucht nach mehr haben als nach Befriedigung der täglichen Pflichten wie Essen, Schlafen und Arbeiten.

Im Licht, in den Lichtteilchen sieht auch ein bekannter Ernährungsforscher wie Professor Kollath die Photonen als die Grundlage für die „Ordnung der Nahrung“, der gestalteten Form, an. Sie liefern die Informationen, die Nachrichten – und damit die Ideen [43].

Wenn Licht als ein entscheidender und wichtiger Gehalt in unseren Lebensmitteln angesehen wird, so kommt der Biophotonenforschung große Bedeutung zu, wie sie z.B. Professor Popp seit Jahren betreibt.

Denn, so drückt es ein Physiker aus:

„Jede belebte Materie ist in der Essenz gefrorenes Licht.“ [19]

Bei der Verdauung wird diese Essenz, werden die Photonen wieder freigesetzt und bilden die eigentliche aufbauende Nahrung, die Quelle der Stoffwechselanregung.

Neben Ordnungsstrukturen bringt Popp noch Vorstellungen aus der Informationstheorie ein, wonach die Informationen aus dem Nahrungsmittel sich auf den Esser übertragen, was die „Botschaft“ der Nahrung darstellt.

◆ Trägt demnach jedes Lebensmittel, jede Frucht eine individuelle Botschaft?

Ja, so muß es wohl sein. Denn alle von mir gefundenen Informationen, ob in den alten Überlieferungen oder in den veröffentlichten Forschungsergebnissen der letzten Jahrhunderte, zeigen eine Botschaft für das Brot, das zu Stoff gewordene Licht. Diese Botschaft lautet: Ernährt euch aus dem ewigen Brunnen des Lebens – außerhalb des Paradieses – um als entwickelter Menschengeist *leibfrei* werden zu können im Sichselbstbewußtsein.

Der Vollständigkeit halber gilt es festzuhalten: Wir erhalten das informierende und friedensspendende Licht nicht nur über das Brot. Heute weiß man: Das Licht dringt auch in unsere Augen, erhellt unsere Stimmung, erfreut die Seele.

Ein ehemaliger Direktor der Universitätsaugenklinik Münster, Professor Fritz Hollwich, machte Mitte der 70er Jahre die wichtige Entdeckung, daß wir nicht nur einen visuellen Anteil der Sehbahn haben, mit der wir den sichtbaren Wellenbereich des Lichtes wahrnehmen, sondern daneben, über den sogenannten energetischen Anteil der Sehbahn, durch das Sonnenlicht mit Energie versorgt werden. Etwa ein Drittel der über die Nahrung aufgenommenen Energie benötigt allein das Auge für seine Aufgabe der Informationsverarbeitung.

Über diesen Sehkanal steuert das Licht auch das zentrale Nervensystem, den Zellstoffwechsel und den Hormonhaushalt, die Immunabwehr sowie den Tag-und-Nacht-Rhythmus. Es ist nachgewiesen, daß sich Pflanze und Tier unter Kunstlicht anders entwickeln als unter natürlichem Sonnenlicht [27].

Deshalb ist das Leben mehr als die prozentuale Anwesenheit von Chemie oder Physik.

Beschränken wir unsere Betrachtung aber einmal nur auf die notwendigen biochemischen stofflichen Lebensvorgänge, die notwendig sind für Aufbau, Umbau und Erhaltung der Körpersubstanz. Um die Körperfunktionen zu ermöglichen, eben alle diese genannten Stoffwechselfunktionen, brauchen wir Energie! Und diese Energie aus dem Licht können wir nicht selbst erzeugen, wir bekommen sie geschenkt, wir müssen sie aufnehmen über die Mittler wie zum Beispiel über die Lebensmittel. Für Geschenke wird sich im allgemeinen bedankt, es müssen ja nicht immer die vorformulierten Sätze sein. Dank kann auch aus dem Herzen kommen.

◆ Damit sind wir bei einer qualitativen Fragestellung: Wie komme ich in den Genuß von elektrochemisch hochwertiger Energie in Lebensmitteln?

In dem Buch mit dem Titel *„Vom Lebendigen in Lebensmitteln“* [33] werden neue Methoden und Erkenntnisse aus Einzelwissenschaften zusammengetragen und vorgestellt. Das Ergebnis ist eine neue Qualitätsbestimmung der Lebensmittel mit Hilfe der Bioelektronik.

Wir Menschen brauchen, um alle Lebensprozesse in Gang zu halten, ein dauerndes Durchwandern von Stoffen mit Energien. Damit die Ordnung gewahrt bleibt, ist ein ständiger Nachschub von hochgeordneter, frei verfügbarer Energie von außen nötig, von Substanzen mit hoher Elektronenenergie. Nachdem der Organismus seinen Nutzen daraus gezogen hat, verlassen ihn diese wieder, hauptsächlich als ungeordneter Brei.

Bei all diesen Stoffwechselschritten sind auch Sauerstoffmoleküle als Oxydationsmittel beteiligt. Das sind die sogenannten Radikale; sie werden dabei kurzfristig frei, um an der Umsetzung der Information im Stoff von außen nach innen zur körpereigenen individuellen Nutzung beizutragen.

Ein anderes Thema ist die Backkunst, das Weitergeben von überliefertem Wissen und Fertigkeiten seit Urzeiten über die Mutter zur Tochter, vom Meister zum Lehrling.

◆ „Aus frischen Zutaten von Hand gemacht“: Ist das eine Erinnerung aus vergangenen Tagen?

Sammeln, suchen, erkennen und essen wir die „Himmelskräfte“ im Brotlaib – so hoffe und wünsche ich mir –, dann behält das Unräumliche mit dem Räumlichen Verbindung, für eine Zukunft in friedlicher himmlischer Harmonie!

So habe ich in meiner Biographie erleben können, wie nicht nur die Haltung des Menschen zum Essen eine Bedeutung und einen Einfluß hat, sondern auch die Einstellung zur Welt. Denn wir können uns nicht in den Himmel essen! Die Nahrung dient hauptsächlich dazu, unserem Körper die Kraft zu vermitteln, damit wir uns seelisch und geistig frei betätigen und entwickeln können – und nicht, um uns zu beeinflussen. Natürlich kann uns dabei der Appetit auch den Genuß von Kartoffeln mit Butter, ein Weißbrot mit einem Glas Wein empfehlen – oder Kaffee und Sahneteilchen. Dann denken Sie bitte an die Lebensfreude und bleiben Sie frei von fanatischen Zwängen.

Wie heißt es doch in den Sprichwörtern, die Weisheit zum Inhalt haben.:

- „Essen hält Leib und Seele zusammen“

Es heißt aber auch:

- „In einem gesunden Körper wohnt ein gesunder Geist“

Hier schließt sich ein Kreis:

Essen hält die Seele im Leib, damit sich im gesunden Körper der Menschengeist friedlich entwickeln kann, hier auf Erden. Und dazu gehört die Mutter aller Lebensmittler, das tägliche Brot! Das ist also der Sinn und Zweck der aus der Weisheit stammenden Produktidee Brot!

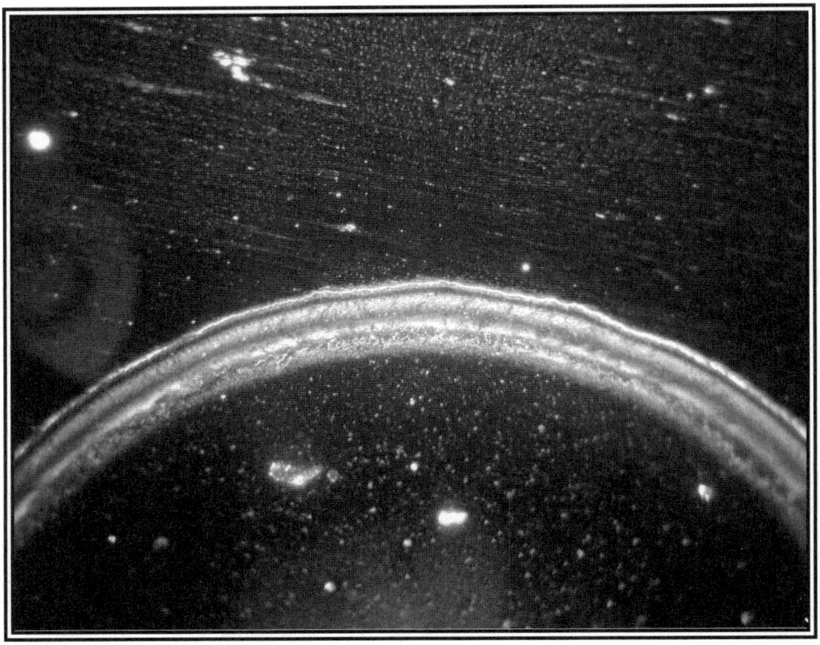

Lebensbild im Wassertropfen: Gerste

Lebensbild im Wassertropfen: Roggen – Natursauerteig

16. Die Bilder im Brot und die Welt im Tropfen*

Seit einigen Jahrzehnten übt sich der menschliche Wissensdrang darin, auch die kaum meßbare, aber erlebbare Lebensqualität mit verschiedenen bildschaffenden Methoden dem Auge sichtbar zu machen. Dabei spielt das Medium Wasser eine besondere Schlüsselrolle.

So lassen sich Brücken bauen zwischen der Sprache der Natur und den Wissenschaften, zwischen Ohr und Auge oder Herz und Verstand.

Anfang der 80er Jahre des vorigen Jahrhunderts kam Frau Ruth Kübler auf die Idee, im Wassertropfen nachzuschauen.

Ein schlichter Tropfen, auf einer Glasplatte durch ein Dunkelfeldmikroskop in 10–300facher Vergrößerung betrachtet und photographiert, während er trocknet und noch Tage danach: Das ist die *„Welt im Tropfen"* [38].

Es zeigen sich wunderschöne harmonische Bilder aus dem Bildersaal der Natur, die noch nie jemand gesehen hat. Aber auch langweilige, flache,

*Die Farbenpracht der Bilder wird nachvollziehbar auf der Netzseite: www.hercules-baeckerei.de (2005)

strukturlose und disharmonische Bilder sind zu sehen, wenn unnatürliche Einflüsse einwirkten.

So kann man auch dem Leitungswasser ein Stückchen Brot anbieten, und es zeigen sich dann im Tropfen die Ordnungskräfte. Die folgenden Bilder sind so entstanden und zeigen mir: Brot ist gebackenes Licht, ein Heilmittel aus der Backstube. Die Bilder zeigen auch die vermittelnde Funktion des Salzes der Erde, das die freie Energie in ihrer hochgeordneten Struktur ins Brot einbindet. Sie zeigen aber auch im Bild – mit harmonischen oder unharmonischen Strukturen –, ob das Brot mit Natursauer oder mit Kunstsauer hergestellt wurde.

Aus dem Meer der Natur steigen sie auf, diese Bilder, tragen eine Botschaft, sind Urbilder und Symbole. Sie sprechen eine andere Sprache, senden nicht auf der Wellenlänge der Zahlen- oder Buchstabenbilder. Sie wollen auf einer anderen Ebene von uns empfangen werden, an einem Ort, wo auch die Bilder im Traum zu sehen sind – ohne Worte. Sie erzeugen Stimmungseindrücke, die nur umschrieben werden können.

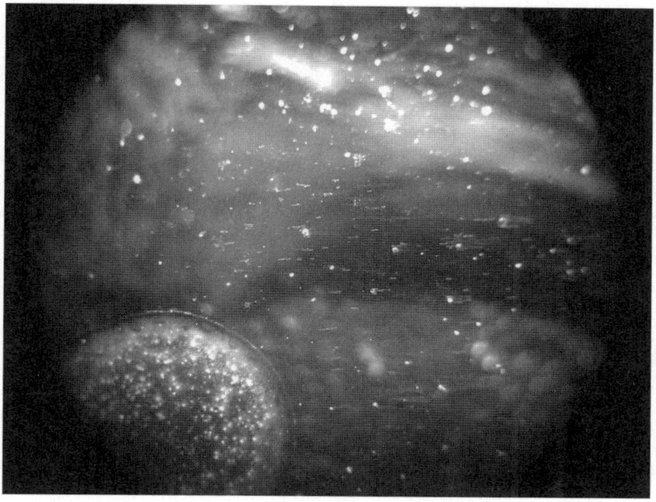

Lebensbild vom Weizen – Natursauerteig

17. Lebensbilder im Wassertropfen*

Die Bilder vom Brot enthalten Aussagen über kosmische Lebensprozesse. Durch das Medium Wasser werden universelle Klänge sichtbar, Töne einer übergeordneten Wirklichkeit, Schwingungen aus dem Bildersaal der Natur. Die Bilder zeigen dem Auge, wie man sich die Übertragung von Informationen in den Stoff vorstellen kann.

*Mikrophotographien Ruth Kübler, Stuttgart (siehe auch www.hercules-baeckerei.de)

Lebensbild im Wassertropfen: Schilfroggen

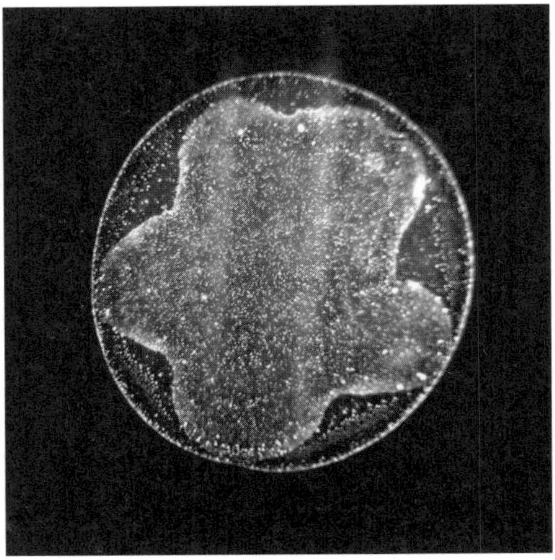

Lebensbild im Wassertropfen: Weizenkorn im Milchreifestadium

Essen wir Brot, nehmen wir unsichtbare Kräfte aus der Natur in uns auf, wie sie harmonisch vom Getreide aus dem Licht der Sonne empfangen worden sind, und reichen sie weiter als Mittel zur Lebenserhaltung.

Denn:

„Nötig sind Brot und Himmel"
(Volksweisheit)

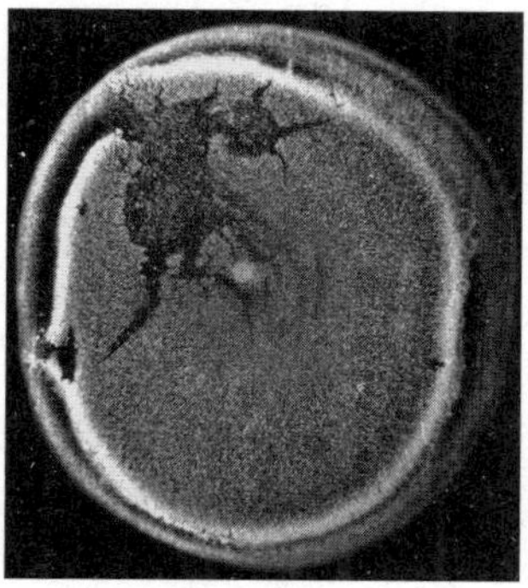

Leitungswasser

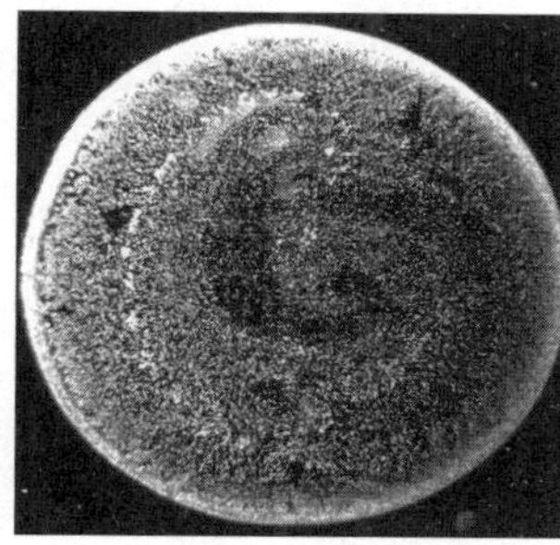

Leitungswasser nach Verwirbelung

Brot, ohne Salz gebacken

Brot, mit Salz gebacken

Das Salz hat eine lebensverbindende Funktion – es leitet freie Energie ins Brot und bindet sie dort.

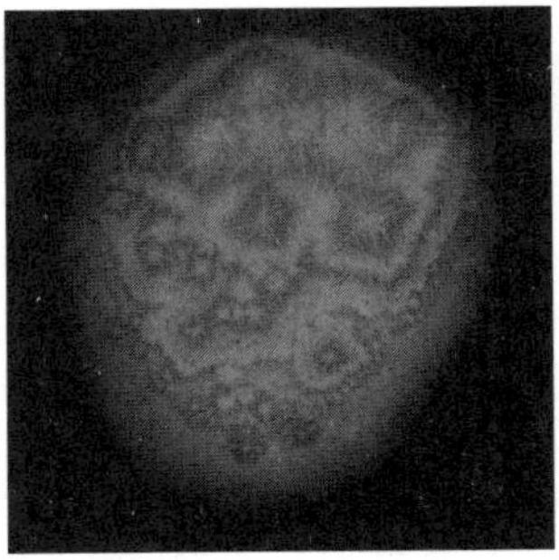

Brot, gebacken mit Kunstsauer

Brot, gebacken mit Natursauer

Im Herstellungsprozeß müssen wir die unsichtbaren Lebenskräfte unverändert weiterreichen, nicht nur den Nahrungsstoff.

Lebensbild im Wassertropfen: Graham-Brot.

18. Die Buchstaben der Brotsprache

Gebilde-Brote – Bilder, die gegessen werden!

Historisch betrachtet entstammen Gebilde-Brote mit ihrer mythischen Symbolik einer Bewußtseinsstufe der Menschen, welche sich auf einer bildhaften Ebene ein Verständnis des Lebens und der Welt erringen will. Sie stecken voller Mitteilungen. Hier haben wir eine Sprachform, die in der rationalen Erwachsenenwelt immer weniger gepflegt wird. Kinder können uns die Bedeutung dieser Kommunikationsform deutlich machen. Gibt man ihnen ein Stück bildfähiges Teigstück – schon formen sie daraus Antworten aus einer Welt voller Sprachformen [44].

Unsere vielfältigen Brotformen, wie auch die Gebilde-Brote, sind Buchstaben einer Bildersprache. Form und Formeln einer Welt, der irdischen wie der himmlischen. Sie zeugen von einer Sprache, die den Inhalt offenlegt. Ißt der Mensch sie auf, dann ißt er sich in diesen Lebensprozeß hinein, dann nimmt er teil an einer *„Macht, die in der Natur verborgen ist, die dem Menschen Leben verleiht. Wer ißt und trinkt, tut mehr, als er sich selber erklären kann“* [28]. Brot schenkt Leben, welches über die Verdauung hinausreicht!

Der Bäcker backt Bilder

Die Römer nannten die Bäcker *fictores* = Bildner. Brot wurde als „heilig“ betrachtet, als „Gottesgabe“ geschätzt, mit Ehrfurcht behandelt, denn es gibt Kraft und bannt das Unheil. Der Backprozeß stiftet einen neuen Sinn: Brot zu werden, das nicht nur dazu da ist, gegessen zu werden. Eine Getreidepflanze opfert ihr ganzes Sein, schenkt uns die Erfahrung eines Sommers, gesammelt mit viel Licht und Sonnenwärme. Diese verdichten sich in uns für ein höheres Leben. Und wir Bäcker sind Mittler der *„heiligen Mächte, die von außen und unabhängig von einer menschlichen Macht ausgehen“* [28].

Denn eine Volksweisheit besagt:

„Nötig sind Brot und Himmel“.

Brot im Jahreslauf

Ob Neujahr, Ostern, Sonnenwende, Weihnachten – es ist der Beginn eines neuen Zeitabschnitts, den man mit segensreichen Symbolen begrüßt. So ißt der Mensch sich in den neuen Beginn, in die Zukunft hinein, von der er Harmonie und Heil erwartet. Verzehrt wirken Gebilde-Gebäcke wie Briefe, die erst im Bauch gelesen werden.

Neujahr

In der Düsseldorfer Gegend wird ein solches Gebilde-Brot zu Neujahr gebacken. Ein Teigstrang wird an einem Ende im Uhrzeigersinn und am anderen Ende entgegengesetzt eingerollt. Zwei solcher Formen übereinandergelegt ergeben ein Rad. Die Form bringt Entwicklung zum Ausdruck. Einverleibt verbindet es uns mit der Lebenskraft für ein neues Jahr – um das Leben begreifen zu lernen.

Fastnacht

„Wer zu Fastnacht keine Krapfen bäckt oder ißt, der wird das ganze Jahr nicht froh!" – Ein Schmalzgebäck, Sinnbild üppiger gemeinsamer Festtagsfreuden, zum „Fest der Gürtelsprenge". Der Mensch steht nicht isoliert im Leben. Eine festliche Rückbesinnung, herausgehoben aus dem Alltag, um neu Auftrag und Anliegen zu erkennen, zum Segen für Himmel und Erde.

Ostern

Brot und Eier gehen eine symbolhafte Verbindung ein: das Brot des Lebens (Auferstehung Christi) mit der Fruchtbarkeit aus dem heidnischen frühlingshaften Festbrauch. „Der Winter ist besiegt, der Weg nach Ostern ist offen." Das Verfügbare, das den Menschen als Nahrung gegeben ist, soll wieder neu am Unverfügbaren ausgerichtet werden.

Erntedank

Durch das Brot zeigt sich die Dreiheit der Beziehung: der Mensch als Bindeglied zwischen Himmel und Erde und in dankbarem Gedenken des göttlichen Urhebers.

NIKOLAUS/ST.MARTIN

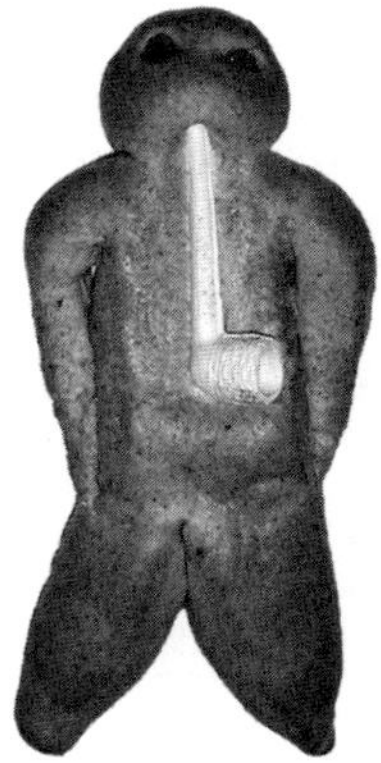

Ein Weckmann wird zum Kommunikationsbild der (Mantel-) Teilung. Ein Teilhaben, welches über den Besitzzusammenhängen steht, als verbindendes Element unter den Menschen. „Nicht was ich behalte behält Wert; sondern was ich gebe, erhält Wert.“ – „Selig soll er leben, selig soll er sterben, das Himmelreich erwerben.“

WEIHNACHTEN

Und eines Tages kam, alles vereinend, was über das Brot gedichtet, empfunden und gehandelt worden war, Jesus Christus, geboren in Bethlehem. *Beth–lehem* – Haus des Brotes. *Christus panis* – Christus ist Brot. „Die Guten erhalten Geschenke – das Brot des Lebens –, die Bösen werden bestraft.“

Brot im Lebenslauf

Eine Aufgabe für uns Menschen besteht darin, sich in dieser Welt zurechtzufinden: unterscheiden zu lernen zwischen der Sprachform des Himmels und der Erde, richtig und falsch, Inhalt und Form, Lebensmittel und Nahrungsstoff.

BROT UND SALZ

Brot als Geschenk drückt eine symbolische Willkommensgeste aus.

„Wer bei mir Brot und Salz genossen hat, den darf ich nicht betrügen." Wer Brot und Salz teilt, kommuniziert, bindet den, der es annimmt, ebenso wie den, der es gibt, in die brüderliche Menschengemeinschaft ein – gewissermaßen als Nichtangriffspakt. Nur mit Freunden (Besucher, Gast) kann man Brot und Salz teilen oder sie damit empfangen.

Mahlbrot – Abendbrot

„Wo die Tischgemeinschaft aufgegeben wird, verstummt das Gespräch, vereinsamt der Mensch." Ein Sprachmittel in Gestalt eines Gebilde-Brotes, ein symbolisches Zeichen, das eine innere Haltung zum Ausdruck bringt: Die existentielle geistige Grundsituation des Menschen ist angewiesen auf einen Leib, der ihn in den sozialen Raum einbindet – über das Brot.

Taufweckerl / Kindbettkuchen

Das Brot zum Leben mit dem Namen, den er oder sie auf der Erde trägt – so wird das neue Leben eingebunden zum „Brotgenossen" (lat. *cum panis*), der mit mir das Brot teilt. Der Genosse ist *gileibo* (althochdeutsch: der dasselbe Brot hat). Brot schenkt Leben.

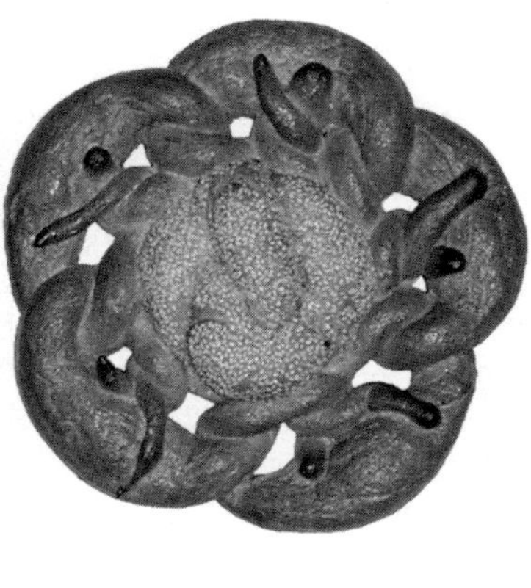

Spendenbrote oder Patenbrote

„Ein Mensch, der nur nimmt, ohne zu geben, wird zum Bettler." – „Geben ist seliger denn Nehmen." Geben beugt der Enttäuschung und der Nachrede vor. Schenken bindet, verknüpft zwischen den Menschen. Brote als Geschenke sind materielle Zeichen, welche Seelisches mitteilen wollen.

Glücksbrot

Ein Brot, das Glück bringen soll. Wer die Schule oder die Heimat verläßt, seine erste Stelle antritt, bekommt das Glücksbrot. Ich denke an den anderen, der mit mir lebt, arbeitet, leidet. Ein Prozeß der Einbeziehung findet statt, um so alle insgesamt fähiger zu machen, sich den Lebensaufgaben erfolgreich stellen zu können.

Hochzeitsbrot ist Heilbrot

„Brotstark" soll die Ehe sein, von lebendig liebendem Verstehen geprägt. Eine Beziehung, in der einer den anderen stärkt und die den Himmel mit einschließt, zum Wohle aller.

Allerseelen-Brot

Der Knotenpunkt unseres biologischen Daseins rührt geheimnisvoll an unsere Grenze, an das Unverfügbare. Das Wort *Symbol* heißt soviel wie: zwei getrennte Teile, die von Natur aus zusammengehören, zusammenzuflechten. In der Brotsprache steht es symbolhaft für Wohlergehen in der jenseitigen Welt. Die Toten sind nicht vergessen, sie sind Teil des Lebens. Knoten oder Seelenzopf gelten den Seelen der Verstorbenen: „Mit jedem Dank der Gäste tut die Seele einen „Ruck auffi."

19. Quellenverzeichnis

(Die Kapitelangaben beziehen sich auf die Kapitel dieses Buches, die Seitenzahlen entsprechen den Seiten der jeweiligen Quelle.)

1. Naturgeister 3, Sonderheft 21, Wolfgang Weirauch,
   Flensburger Hefte Verlag, Flensburg 2004.
   (Kap. 1: S. 131)

2. 6000 Jahre Brot, Heinrich Eduard Jakob,
   Büchergilde Gutenberg, Frankfurt/M. 1954.
   (Kap. 2: S. 50; Kap. 6: S. 65; Kap. 7: S. 410; Kap. 9: S. 84)

3. Back Journal,
   Back Media Verlag, Bochum, Nr. 3/2000.
   (Kap. 2: S. 45)

4. Brotpolitik, Bruno Luxenberg,
   Wilhelm Goldmann Verlag, Leipzig 1941.
   (Kap. 2)

5. Back Business, Günther Wohlers,
Mercador Verlag, Hamburg, 16. Februar 2002.
(Kap. 2: S. 11)

6. Das Getreide als menschengemäße Nahrung, Bd. 1,
Gerhard Schmidt/Udo Renzenbrink,
Dornach/Schweiz 1967.
(Kap. 3: S. 11; Kap. 5: S. 52; Kap. 6: S. 55; Kap. 7: S. 59; Kap.7: S. 60)

7. Diesseits - vom Lesen im Buche der Natur,
Johannes Hemleben,
Rowohlt, Reinbek bei Hannover 1980.
(Kap. 3: S. 81; Kap. 14: S. 147)

8. Das Ohr und das Leben, Alfred Tomatis,
Walter Verlag, Zürich/Düsseldorf 1997.
(Kap. 3: S. 145; Kap. 15: S. 224 und S. 208)

9. Wasser - Klangbilder, Alexander Lauterwasser,
AT Verlag, Aarau/Schweiz 2002.
(Kap. 3: S. 29)

10. QED - Die seltsame Theorie des Lichtes und der Materie,
Richard P. Feynman,
Piper Verlag, München 1992.
(Kap. 3: S. 24; Kap. 11: S. 100 ff.; Kap. 12: S. 15; Kap. 14: S. 17; Kap. 15: S. 224)

11. Nada Brahma - Die Welt ist Klang, Joachim-Ernst Berendt,
Rororo, Reinbek bei Hamburg 1989.
(Kap. 3: S. 77; Kap. 14: S. 50)

12. Manna, Mehl und Sauerteig, Klaus Berger,
Quell-Verlag, Stuttgart 1993.
(Kap. 4: S. 18 ff. und S. 63; Kap. 7: S.16; Kap.9: S. 109)

13. Die andere Bildung, Ernst Peter Fischer,
Ullstein Verlag, München 2001.
(Kap. 4: S. 300 ff.)

14. Die zweifache Abstammung des Menschen,
Dr. med. Walther Bühler,
Verein für ein erweitertes Heilwesen e.V., Merkblätter Nr. 40,
Bad Liebenzell 1979.
(Kap. 4: S. 16)

15. Meyers Lexikon, Mannheim 1990.
(Kap. 5: Bd. 15 S. 116; Kap. 7: Bd. 12 S. 257; Kap. 15: Bd. 24 S. 198)

16. Verwehte Zeit erwacht,
Verlag Alexander Bernhardt, Vomperberg/Tirol 1958.
(Kap. 6: S. 15 ff.)

17. Die schönsten Erzählungen von Tolstoi,
Nymphenburger Verlag, München 1963.
(Kap. 6)

18. Vision und Botschaft, Alexander Solschenizyn,
zitiert in: Katholische Wochenzeitung Nr. 14/2004.
(Kap. 6)

19. Die Botschaft der Nahrung, Fritz Albert Popp,
Zweitausendeins, Düsseldorf 1999.
(Kap. 7: S. 35; Kap. 9: S: 44; Kap. 10: S. 35 ff.; Kap. 10: S. 40 ff; Kap. 11: S. XII; Kap. 15: S. 48)

20. Der Spiegel, Hamburg.
(Kap. 7: Nr. 50/2000, „Strafgericht am Bosporus" und S. 274; Kap. 8: Nr. 33/2000, S. 161 und Nr. 4/2002, S. 139; Kap. 10: Nr.52/1998, S. 177)

21. Mitteilungen des Carl Gustav Carus-Instituts, Thomas Göbel, Pforzheim.
(Kap. 8: Sonderdruck Nr. 17, 1972; Nr. 21, 1973; Nr. 27, 1974)

22. Ernährungsrundbrief „Die kosmische Ernährung des Menschen",
Dr. Petra Kühne, Bad Vilbel.
(Kap. 9: Nr. 94, 1995 und Nr. 80, 1991, S.36)

23. Brotkultur, Hermann Eiselen,
Dumont-Verlag, Ulm 1995. *(
Kap. 9: S.92)*

24. Gralsbotschaft „Im Lichte der Wahrheit", Abd-ru-shin,
Vomperberg/Tirol 1949/50.
(Kap. 9: Bd. 2 S. 371; Kap. 15: Bd. 2 S. 333)

25. Lehrbuch der Botanik, Fitting/Schumacher/Harder/Firbas,
Piscator Verlag, Stuttgart 1951.
(Kap. 10 und 11: S. 180)

26. Die grüne Revolution, ZEIT–Magazin,
Hamburg, Nr.37/1991.
(Kap. 10)

27. Die heilende Kraft des Lichts, Jacob Liebermann,
Piper Verlag, München/Zürich 1991.
(Kap. 10: S. 21; Kap. 15: S. 35)

28. Botschaft des Brotes, Franz Nießen,
Butzon&Bercker, Kevelaer 1985.
(Kap. 10: S.18 ff; Kap. 14 und 18: S. 23)

29. Die sieben Getreide, Udo Renzenbrink,
Rudolf Geering-Verlag, Dornach/Schweiz 1981.
(Kap. 10: S. 138 ff.)

30. Kosmische Oktave, Cousto,
Synthesis Verlag, Essen 1984.
(Kap. 11: S. 28 ff; Kap. 14: S. 28)

31. Functional Food, Richard Fuchs,
Verlag Gesundheit, Berlin 1999.
(Kap. 11: S. 12)

32. Menschheitsentwicklung im Spiegel der Ernährungsformen,
Gerhard Schmidt,
Dornach/Schweiz 1983.
(Kap. 12: S. 68)

33. Vom Lebendigen in Lebensmitteln, Manfred Hoffmann,
Deukalion Verlag, Holm 1997.
(Kap. 12: S. 73; Kap. 15)

34. Der Hunger und der Überfluss, Kulturgeschichte der Ernährung in Europa,
Massimo Montanari,
C.H.Beck Verlag, München 1993.
(Kap. 13: S. 183)

35. Tiroler Tageszeitung vom 07. September 2000,
„Frühstückspause und Jause".
(Kap. 13)

36. Unkonzentriert, Aggressiv, Überaktiv:
Friedrich Klammrodt,
Verlag Grundlagen und Praxis, Leer/Ostfriesland 1998.
(Kap. 13: S. 53)

37. Wasser und Salz, Urquell des Lebens:
Dr. med. Barbara Hendel/Peter Ferreira,
Ina Verlag, Herrsching 2001.
(Kap. 13)

38. Welt im Tropfen, Bernd Kröplin,
Gutesbuchverlag, Stuttgart 2001.
(Kap. 16)

39. Prost Mahlzeit! Krank durch gesunde Ernährung,
Udo Pollmer/Andrea Fock/Ulrike Gonder/Karin Haug,
Kiepenheuer&Witsch, Köln 1994.
(Kap. 14: S. 172)

40. Die Genomfalle, Ursel Fuchs,
Patmos Verlag, Düsseldorf 2000.
(Kap. 14)

41. Krebsschutzfaktor Roggen, DBZ,
Back Media Verlag, Bochum, Nr. 19/1998.
(Kap. 14)

42. Was ist Leben? Erwin Schrödinger,
Piper, München/Zürich 2001.
(Kap. 15)

43. Biophotonen, das Licht in unseren Zellen: Marco Bischof,
Zweitausendeins Verlag, Frankfurt 1995.
(Kap. 15)

44. Symbol Gebäck, Helge Folkerts,
Arun Verlag, Engerda 2000.
(Anhang)